El arte
de la etiqueta

A Alfonso, Pedro y Miguel,
por ayudarme a realizar
el sueño de este libro.

La autora quiere agradecer a todas las personas y entidades que intervinieron en la realización de este libro, y en especial a Carolina Isakson de Barco, Consuelo Mendoza de Riaño, directivos del Diners Club, directivos y equipo de Ediciones Gamma y Revista Diners, directivos del Banco Ganadero, Judith Porto de González, Soledad y Elvira Mendoza, Sylvia Jaramillo, Carlos Mauricio Vega, Gloria Jaramillo de Ricaurte, Capitán Jorge Azula, Lácides Moreno Blanco, Adriana Gutiérrez de Mejía, Stephanie Suden, Karen Flórez, Octavio Perdomo, Mauricio Mendoza, Olga Lucía Jordán, Maruka Fernández, Ana Sánchez, Carlos Gómez, Rocío Silva, Luis Enrique Aldana, Fernando Botero, Moraima Flórez, Rodolfo Cabrera.

PORTADA

Foto de Mauricio Mendoza
Modelos: Stephanie Suden y Miguel Mejía
Flores de Khárisma Floral
Smoking y traje de coctel de Pascal's

Joyas: Joyería Bauer
Aderezos página 49: Joyería Bauer

© Evelia Porto de Mejía, 1989
© Ediciones Gamma, 1989. Primera edición 1989. Novena edición 1995

Dirección editorial:	Carlos Mauricio Vega
Diseño:	Octavio Perdomo
Fotografías:	Mauricio Mendoza
	Maruka Fernández
	Mauricio Anjel
	Libro "Arte de la Mesa", Caracas, 1987
	Revista "Activa", México, D. F.
	Antonio Nariño
Corrección:	César Tulio Puerta
Selecciones a color:	Elograf Ltda.
	Arco Ltda.
Impresión:	Editorial Presencia Ltda.

Una publicación de Ediciones Gamma - Revista Diners
Gerente: Gustavo Casadiego

ISBN 958-95237-0-6

Presentación

*C*omo bien dice Evelia Porto de Mejía en la
introducción a su libro, la etiqueta es la
expresión formal de los buenos modales, sin
los cuales es imposible vivir en comunidad.
Las reglas de etiqueta les señalan a las
personas la forma como deben comportarse a diario con
los otros miembros de la sociedad. Aún en el trato de los
seres más queridos en momentos especiales como un
nacimiento, un matrimonio o una muerte hay normas de
etiqueta que facilitan su manejo.

*La base de las reglas de etiqueta son los buenos modales y
estos deben comenzar y cimentarse con las relaciones entre
los miembros de la familia. Si no hay consideración y
respeto, que son bases esenciales de los buenos modales,
entre miembros de una misma familia, no puede haber
armonía y cordialidad en el hogar.*

*Desde pequeños, a los niños se les debe enseñar a respetar
y a tratar correctamente a su prójimo. De esta manera,
cuando entren a formar parte de la sociedad, no tendrán
ningún problema en aprender y aplicar las reglas de
etiqueta. Al fin y al cabo estas reglas son el resultado del
acopio de miles de experiencias de la humanidad en su
vida en comunidad.*

*No hay nadie mejor ni más preparada, que Evelia Porto
de Mejía, para escribir este libro; como se comprueba
inmediatamente al empezar su lectura. No solamente
lleva veinte años de docencia en esta materia, sino que su
vida diaria, en su comportamiento y trato con los que la
rodean, aplica las reglas que con tanta autoridad y
sabiduría les ha inculcado a sus numerosos estudiantes.
Toda esta experiencia está explicada de una manera
organizada y clara que facilita el acceso a ella. Estoy
segura de que este libro llena un vacío que existía y que
será de una gran utilidad y beneficio.*

Carolina Isakson de Barco

Octubre de 1989

Introducción

ETIQUETA Y BUENOS MODALES

La Etiqueta o cortesía ha existido siempre. Los seres humanos, por su necesidad de vivir en comunidad, han desarrollado a través de los siglos una serie de normas inspiradas en el deseo de agradar a los demás. Se logra así una convivencia armónica con sus semejantes. Esta política de acercamiento se basa en términos corteses y en maneras agradables.

Las reglas de etiqueta evolucionan constantemente según raza, cultura y religiones. Divulgarlas se hace indispensable en toda sociedad que aspire al mejoramiento de las relaciones humanas. Una persona educada, de buenos modales, es tolerante; actúa con naturalidad y consideración.

La esencia de la etiqueta es la gentileza; la decisión de no ofender a nadie. Es comportarse siempre con sinceridad: usar el suficiente tacto ante cualquier circunstancia.

En el mundo en que hoy nos desenvolvemos, de cambios y de comunicaciones rápidas, ya no nos regimos solamente por el famoso Manual de Carreño que tanto insistían nuestros mayores en inculcarnos, sino que nos pasamos a la etiqueta, un concepto más actual de los buenos modales y el comportamiento indispensables para suavizar las no siempre fáciles relaciones personales.

Un poco de historia nos lleva a sorprendernos de costumbres de antaño que hoy nos intrigan y hasta nos hacen sonreír, como por ejemplo el besamanos o saludo homenaje que rinde un caballero a la señora casada; costumbre casi desconocida en nuestro medio, pero que sí se usa en algunos países europeos. O de la época victoriana cuando una señora o señorita de respeto no podía salir sola a la calle, ni con la cabeza descubierta.

La etiqueta moderna comprende reglas lógicas para manejar las relaciones con nuestros semejantes. Tanto más las apliquemos a nuestros actos diarios, tanto mejor contribuirán al éxito de cada persona.

El buen comportamiento y las buenas maneras hay que saber usarlas tanto en público como en privado. Cada día trae momentos rutinarios o diferentes que transcurren con cortesía, desde saludar con un rostro amable y unos "buenos días" a la persona que tenemos más cerca en el momento de despertarnos, hasta tratar de limar asperezas entre amigos o esposos por cualquier malentendido.

Practicar las reglas de etiqueta es agradable cuando se aplican con conocimiento, seguridad y naturalidad. Una persona bien educada y cortés puede ser de personalidad fuerte o con ideas diferentes y sin embargo su trato siempre será agradable.

La etiqueta es amplia y abarca no sólo la expresión oral o corporal de las personas, sino que dicta ciertos parámetros de la moda. Sabemos que no es correcto usar frac en una playa o shorts para ir a un concierto o conferencia.

La naturalidad es la clave para estar seguro de sí mismo y en la etiqueta se adquiere esta seguridad practicando todas las reglas que ella exige. No dejar nuestros conocimientos para ocasiones especiales. Cómo coger el tenedor, aunque estemos en la mesa familiar, cómo presentar un joven a una persona mayor, cómo ir vestido para un coctel, ofrecer nuestra ayuda a alguien impedido o contestar el teléfono bajando el diapasón normal de la voz, son reglas de etiqueta.

Si dejamos todas estas reglas sólo para los grandes eventos, es probable que nuestra actitud parezca insegura y fingida. O que simplemente hagamos las cosas mal.

Hay reglas de etiqueta para cada ocasión y es mejor mantener una actitud de consideración, respeto y amabilidad para con los demás. La falta de consideración no solamente molesta los sentimientos ajenos, sino que podría revelar una personalidad mezquina.

Así como la bases y estructuras de un edificio deben ser muy sólidas, este libro sobre etiqueta debe empezar por lo básico: los buenos modales, los cuales deben ser parte de uno mismo.

A medida que avancemos en el tema de la etiqueta informaremos sobre las distintas circunstancias, los lugares y las ocasiones en las cuales nos desenvolvemos cada día.

El bien educado respetará, conocerá y ejercerá las reglas de etiqueta: al vestirse, al comer, al presentar a conocidos o al llegar a una reunión.

Tanto para el hombre como para la mujer son muy importantes los conocimientos de etiqueta, pues van desde las relaciones entre los esposos, familiares y amistades, hasta el público en general.

Estos conceptos no son propios ni son nuevos, son la recopilación de las enseñanzas transmitidas por medio de costumbres, tradiciones raciales y culturales y de publicaciones.

Aunque este libro no pretende ser una enciclopedia de etiqueta, aspiro a que pueda resultar de alguna utilidad para consultar, resolver dudas y ayudar a una vida más amable. Es el resultado de veinte años de enseñanza, investigaciones, apuntes y experiencias.

Evelia Porto de Mejía

Contenido

I-Buenos modales

Presentaciones

Para iniciar una relación entre dos personas, la etiqueta exige que una tercera haga las presentaciones del caso. Se deben hacer de una manera sencilla y graciosa, empleando frases como: "Tengo el gusto de presentar a" o "permítame presentarle a", y las de contestación como "encantado", "es un placer", "es un honor".

El acto de presentar una persona a otra requiere agilidad mental con el fin de hacerlo de acuerdo con las normas de la etiqueta.

Hay tres reglas de oro que sugerimos se practiquen y son las siguientes:

–Un caballero es presentado a una dama.

–Un joven al de mayor edad.

–Un inferior a un superior.

Presentación de un caballero a una dama

La mujer tiene siempre la precedencia. Es decir, va en primer término, ya sea en las presentaciones o en los saludos. Por ejemplo: "María, tengo el gusto de presentarte a mi amigo Roberto"; y jamás al contrario.

Una excepción a esta regla de precedencia sucede cuando la mujer es presentada a altos dignatarios como presidentes de república, jerarcas religiosos de cualquier credo, ministros de despacho, embajadores y oficiales de alta graduación.

Una dama no se presenta a un caballero salvo raras excepciones de urgencia. Si tiene interés en conocerlo debe recurrir a una tercera persona para que se lo presente. Sin embargo en las relaciones profesionales una ejecutiva puede presentarse ella misma.

Cuando hay un interés profesional muy específico, se puede efectuar una autopresentación, comenzando por explicar la urgencia del caso.

Hay que notar que en el interior del país no se usa mucho tutearse sino en la intimidad. En cambio en las costas o entre gente joven sí se usa el tuteo en el momento de hacer las presentaciones. Al llegar a estas regiones en donde se emplea el tuteo no debe usarse indiscriminadamente, sino siguiendo siempre las reglas de etiqueta.

Debe usar el usted: un caballero al dirigirse a una dama; una persona más joven a una mayor o un inferior a un superior.

Cuando una persona no recuerda bien el nombre de uno de los presentados, puede recurrir a la fórmula: ¿Ustedes no se conocen?, dirigiéndose a ambos y ellos dirán por turno sus nombres. Si hay una dama, ella espera a que el caballero dé su nombre.

Presentación de un joven a alguien de mayor edad

El joven siempre es presentado al mayor:

"Mamá, esta es mi amiga Teresa, compañera de estudios".

"Encantada de conocerte Teresa, mi hija me ha hablado mucho de ti".

Excepcion. Ejemplo: María y Rosa son jovencitas y se encuentran con el tío de una de ellas. Aquí hay una doble excepción: edad y parentesco, y se dirá entonces algo como: "Tío Juan, te presento a mi amiga Rosa". En estos casos de mayoría de edad o jerarquía hay que establecerlas rápidamente.

Presentación del inferior al superior

Ejemplo: Un ejecutivo presenta un amigo a su jefe: "Doctor Ortiz o Don Manuel, permítame presentarle a mi amigo Arturo".

Dos caballeros van a la Alcaldía. Uno de ellos no conoce al alcalde. Quien sí lo conoce dirá: "Señor alcalde (nunca por su nombre de pila), permítame presentarle a Arturo Pérez, ingeniero de la firma X". Otro ejemplo: dos enfermeras se encuentran en el hospital con el médico jefe. La amiga del médico hará las presentaciones así: "Doctor Castro, le presento a la enfermera Anita Paz, quien acaba de llegar".

Observación. Fuera del hospital primaría la precedencia de la mujer: "Ana, te presento al doctor Castro, nuestro médico jefe en el hospital".

Las reglas para las presentaciones son muy específicas, así como las excepciones. El momento oportuno para emplear unas y otras requiere tacto y agilidad mental para apreciar la situación.

Los apodos o sobrenombres no se emplean en las presentaciones, excepto entre gente joven o muy amiga, o cuando el sobrenombre está generalizado: "Le presento a mi amigo Juan Acosta, a quien todos le decimos Pepe". Tampoco usaremos estos apodos delante de otra persona para el amigo que ocupa una investidura importante. Le diremos "Señor alcalde", "Doctor Jiménez" o "Señor Ministro".

¿Quién se pone en pie?

Una dama jamás se levantará ante un caballero. Un caballero siempre se pone en pie ante una dama. Si son dos damas y la diferencia de edad es muy notoria, la más joven se levantará.

Entre caballeros, ambos sentados, se ponen en pie al ser presentados.

Entre señoras o señoritas de la misma edad no se acostumbra ponerse en pie ni cuando llega una de ellas ni al saludarse.

Pero si la que está sentada desea mostrarse más efusiva puede hacerlo, cuidando de no resentir a otras a quienes no se ha dado esta muestra de afecto o aprecio

Cuando llega un presidente o un cardenal, un arzobispo o un superior jerárquico, todos deben ponerse en pie. Esta regla se aplica en recintos especiales para todo el mundo. Por ejemplo, dentro de la Gobernación, al llegar el gobernador, damas y caballeros se pondrán en pie. En una universidad o plantel educativo, al llegar el rector o el profesor, todos los estudiantes, hombres o mujeres, se pondrán en pie.

El saludo

El saludo es la primera demostración de amistad o reconocimiento que emplean las personas al encontrarse y por lo tanto adquiere un relieve de mucha importancia. Del saludo depende muchas veces que una relación perdure y que en ocasiones hasta se acabe.

Cómo saludar

Hay que dar a la cara, casi en una forma mecánica, una expresión de atención y amabilidad. No importa a quien se salude, nuestra imagen se proyectará siempre como la persona que acoge a los demás seres humanos, los considera y por consiguiente es cortés.

Las frases rituales de "buenos días, buenas tardes, ¿cómo está?", "qué hay", "adiós" y tantas otras que se conocen, deben estar *siempre* a flor de labios, así como el "por favor" y el "perdón" cuando no entendemos algo.

La etiqueta del saludo es igual a la de las presentaciones. Es decir, el caballero saluda a la dama, el más joven al más viejo, el inferior al superior. Pero tiene sus matices. Por ejemplo: una señora de edad puede ser la que inicie el saludo; y un jefe que se encuentre con uno de sus ejecutivos queda muy bien si es él quien le dirige la palabra.

Si un caballero lleva sombrero se lo quitará al pasar ante conocidos, dedicándoles una sonrisa amable. Se quitará el cigarrillo de la boca o las manos de los bolsillos al saludar.

El caballero conservará el sombrero en las manos mientras habla con una dama en la calle a menos que ésta le ruegue que se lo vuelva a poner. Al despedirse el señor se quitará el sombrero antes de estrechar la mano de su interlocutor.

La dama esperará a que el caballero la salude. Ella mostrará un rostro amable y sabrá encontrar siempre el grado de sonrisa que debe otorgar. Un gesto orgulloso o de altivez no es correcto ni proyectará una buena imagen. Una dama puede saludar con los guantes puestos; no así el caballero.

Debe mirarse a la cara de la persona que se saluda. Si por equivocación saludamos a alguien no hay que dar explicaciones;

14

en cambio se debe dar disculpas por no haber saludado a alguien si se vuelve a encontrar a esta persona.

Estrechar la mano es un gesto de cordialidad y caracteriza a las personas, sobre todo durante las presentaciones. Un apretón de manos demasiado blando dará la impresión de una persona de poco carácter. Al contrario, muy fuerte sólo conseguirá incomodar. El apretón de manos debe ser breve, firme y cálido.

Hay el saludo cordial, el amistoso, el reservado, el amable, el altivo y aun el ofensivo de repulsión o rechazo. En este caso más vale evitarlo. Al saludar hay que dar la sensación de bienvenida.

En nuestros países las damas al saludarse no se dan la mano, sino que se toman por el brazo. Este saludo no es frecuente en otras partes y no lo entendería una dama anglosajona o europea.

El besamanos o gesto de galantería que rinde el caballero a la dama casada es muy poco usado en nuestros países. Es un homenaje que a toda mujer halaga; ella debe extender graciosamente el dorso de su mano derecha y el caballero se inclinará a besar delicadamente la mano.

Hay que recordar que al referirse a alguien, esta persona tiene un nombre. No es cortés decir "éste" o "aquél" aunque haya confianza entre los interlocutores. Tampoco se deben usar las expresiones "mira tú", "oye tú", "oí vos". Es mejor emplear "por favor", "me permite".

Los títulos y tratamientos que le corresponden a una persona sólo se emplean en actos oficiales. En la conversación se omiten y solamente se emplean al dirigirse a un jerarca eclesiástico.

Protocolo

Al investigar el tema de Protocolo hemos encontrado un erudito libro escrito por Eduardo Restrepo Del Corral, miembro destacado de nuestro cuerpo diplomático. Embajador de Colombia varias veces, Restrepo Del Corral nos da una excelente definición de Protocolo, la cual transcribimos:

"El Protocolo o Ceremonial, que es la forma correcta de llamarlo, ya que Protocolo es una palabra no muy precisa en este caso; protocolo viene del latín, de la expresión 'Protocollum' y de la palabra griega cuya traducción al castellano propiamente significa la primera hoja encolada o pegada". La Academia de la Lengua la define así: "Ordenada serie de escrituras matrices y otros documentos que un notario o escribano autoriza y custodia con ciertas formalidaddes. 2. Acta o cuaderno de actas relativas a un acuerdo, conferencia o congreso diplomático. 3. Por extensión, regla ceremonial diplomática o palatina establecida por decreto o por costumbre"

Formas de darse la mano

El apretón de manos debe ser breve, firme y cálido.

Dos caballeros se estrechan la mano

El caballero saluda a la dama. El pide su mano y ella la otorga

Ceremonial o etiqueta ha existido en todas las comunidades humanas desde el principio de la historia. Nos ocuparemos de una forma específica que ha asumido el ceremonial en una cultura concreta, la occidental, y en una época determinada, la contemporánea.

Títulos y tratamientos

Una persona que llega a ocupar un alto cargo en el Gobierno o en el Cuerpo Diplomático, o que desea relacionarse y desenvolverse bien en estos medios, está obligado a saber cómo dirigirse a ellos, conocer sus títulos y rangos y qué tratamientos darles.

Sentar a la mesa a un representante extranjero en el sitio equivocado puede causar resentimientos innecesarios entre su gobierno y el país al cual pertenezca su invitado. La precedencia en estos casos es mucho más rígida y conocerla es un deber de cortesía.

Para ciertas consultas de protocolo debe acudirse a la reglamentación gubernamental. ¿Qué miembro del Gabinete ocupa el primer sitio después del Presidente de la República? ¿A qué equivale el rango entre un Embajador, un General, un Senador o un Gobernador? ¿Y en qué ocasiones debe usarse el Protocolo Oficial? Son consultas que deben hacerse directamente a la Cancillería por medio de la Oficina de Protocolo del Ministerio de Relaciones Exteriores.

En nuestro país, para dirigirse oralmente al señor Presidente de la República, a un Ministro o a un Embajador, sencillamente se les llama por sus títulos: Señor Presidente, Ministro o Embajador. Al comunicarse con ellos por escrito es obligación emplear los siguientes vocablos:

Al Presidente - "Excelentísimo Señor Presidente".

A un Embajador - "Señor Embajador" o "Excmo. Señor Embajador".

A un Ministro - "Señor Ministro".

Tratamiento dentro del texto: Su Excelencia. Al desaparecer por la práctica el uso de la segunda persona del plural en América, ha dejado de usarse también el "Vuestra Excelencia", vigente sin embargo en España.

Despedida: Con mi más alta consideración.

En los sobres y al encabezar las cartas debe escribirse:
Dirección:
A su Excelencia el señor. . .
Embajador de. . .

A su Excelencia Monseñor. . .
Nuncio Apostólico o Decano del Cuerpo Diplomático.

A su Excelencia el señor. . .
Ministro. . .

A manera de orientación transcribimos como apéndice, al final de este libro, copia de los Decretos Nos. 770 del 12 de marzo de 1982 y 1317 del 5 de mayo de 1982, que establecen la precedencia para los altos dignatarios de la República, la de los funcionarios nacionales y su relación con la de los Diplomáticos Extranjeros.

Del anfitrión

Un buen anfitrión o anfitriona se conoce porque tiene en cuenta reglas de etiqueta muy sencillas y lógicas, como por ejemplo:
—Por deferencia, vestirse con gusto y sencillez, sin ostentar ante sus invitados ropa o joyas llamativas y de lujo.
—Tener todo listo a la llegada de sus invitados; los saludará con una sonrisa amable y unas palabras de bienvenida y sin prisas. Los preparativos deben estar a punto.
—No hace insinuaciones acerca de lo mucho que ha trabajado para lograr el buen éxito de la reunión ni sobre cuánto le costó.
—No regaña al servicio delante de sus invitados, sino que al día siguiente les exigirá las explicaciones del caso y procurará enseñarles para que no vuelvan a cometer las mismas fallas.
—Disimula las imprudencias en que incurra alguno de sus invitados y tratará siempre de que todos se sientan cómodos.
—Si hay niños, los hará seguir para que saluden a los presentes y luego hará que se retiren.
—La dueña de casa dará discretamente las gracias por las flores recibidas y las colocará en sitio destacado.
—Los dueños de casa están listos al sonar el timbre. Si hay servicio éste abrirá la puerta, entrenado para decir algo como "buenas noches, pasen por favor".
El dueño de casa o su señora también pueden abrir la puerta e invitar a los recién llegados a seguir.
—Los anfitriones son los encargados de hacer las presentaciones del caso y se inicie una conversación de tema general, mientras llegan los demás invitados.
— El anfitrión pregunta a cada invitado si desea tomar un aperitivo (vino, cocteles o un trago largo) o un jugo de frutas, y transmitirá al servicio las órdenes pertinentes.

Es preciso que la persona que acogemos en nuestro hogar sienta la impresión de hallarse en su propia casa. La anfitriona debe preocuparse, por lo tanto, de la habitación del huésped; que todo esté en perfecto orden. Hace inventario de lencería, toallas, jabones, papel y pañuelos desechables. Esto no dispensa al invitado de llevar consigo todo lo necesario para su higiene.

—No olvidar colocar en el armario o closet, en climas templados o fríos, una cobija suplementaria.

—En la mesita de noche, además de la lámpara de leer se le debe dejar una vela y unos fósforos para prevenir cualquier falta de energía.

—Una buena atención será dejarle también una jarra con agua fresca, algún analgésico para el dolor de cabeza, y si es en clima caliente dejarle también repelente para mosquitos.

—Si no puede asignársele un baño para él solo, debe organizarse de modo que pueda servirse del baño general, cuando lo precise. Es decir, el ama de casa debe vigilar permanentemente el aseo de este cuarto de higiene.

—Un pequeño arreglo de flores en el cuarto pondrá el toque acogedor en el ambiente.

Del invitado y del huésped

Se ha escrito mucho acerca de los deberes de un anfitrión, pero muy poco de aquellos que corresponden al invitado y al huésped.

Entendemos por invitado el que sólo viene por unas horas, y por huésped a quien se aloja en nuestra casa.

Enumeraremos algunos de estos deberes y reglas de etiqueta y de buen comportamiento necesarios para convivir con los demás.

—Un invitado que sabe comportarse debe expresar ante los demás su agrado por encontrarse en casa de sus amigos y encontrará la oportunidad para alabar un lindo arreglo de la mesa o la exquisita comida que se le ha ofrecido.

—Aprecia un cuadro valioso o una vajilla fina (sin darle la vuelta al plato para verificar la marca).

—Debe celebrar las historias o anécdotas de los demás y evitará críticas en público, sobre todo de personas ausentes.

—Espera a que se le brinde algo de beber o comer. No se levanta para servirse él mismo, a menos de que se trate de una reunión "open house", de una reunión íntima o de que sea muy amigo de la casa y desee ayudar.

—No pide algo especial en la mesa, no da órdenes al servicio, ni corrige sus fallas. Al contrario, trata de disimularlas.

—El huésped delicado llega agradeciendo la hospitalidad y se presenta con un regalo gracioso para los niños o para la dueña de casa, nada muy costoso, ni ostentoso.

—Procura no causar trastornos en la rutina de la casa; nunca llegará tarde en la noche, ni se hace esperar para las comidas.

—No lleva personas desconocidas de sus anfitriones, sin explicarles quién es aquella persona, ni acepta visitas ajenas a las amistades de sus anfitriones.

—Para usar el teléfono un invitado o un huésped pide permiso y tratará en lo posible de no hacer llamadas de larga distancia.

—La propina que debe dejar el huésped debe ser proporcional a los días que ha durado su estadía. Puede calcularse por el monto que se dejaría en el hotel en donde el invitado acostumbra hospedarse. Esta propina se da a los empleados del servicio que lo han atendido, incluyendo al personal de la cocina, portero o chofer si los hay.

—Al regresar de nuevo a su lugar de residencia, envía una tarjeta, carta o telegrama dando las gracias por las atenciones recibidas; y si es un caballero, puede enviar un arreglo floral a la dueña de casa con una tarjeta de visita y si es posible escribiendo a mano "gracias por todo".

El arte de conversar

El arte de conversar no consiste solamente en expresarnos sino también en saber escuchar. A veces las palabras que se dicen al iniciar una conversación pueden ser decisivas para que resulte un éxito. Sin embargo, éste depende de la idiosincrasia de los participantes. Hay quienes son excelentes conversadores y quienes son mejores como oyentes atentos.

Existe la etiqueta para la conversación y podemos decir que sigue la misma "regla de oro" de las presentaciones y los saludos. Es decir, una mujer dirige la palabra a un caballero, un joven espera que el de mayor edad se dirija a él y una persona que ocupa una posición determinada debe esperar a que el superior le dirija la palabra.

Una conversación amena es aquella en la cual pueden intervenir todos los interlocutores. Monopolizar la conversación, ya sea con un tono de voz demasiado alto o sin dejar que otros hablen del tema, no es correcto.

Un anfitrión que sepa de etiqueta debe incluir entre sus invitados algún excelente conversador y mezclarlo con personas que saben escuchar. El arte de invitar es también el arte de equilibrar y mezclar adecuadamente los grupos, tanto por sus afinidades y aficiones como por sus actividades. Cuando se invita a una o más personas conversadoras, o de grupos disímiles, la reunión cuyo objeto era pasar un rato agradable puede convertirse en un rato aburrido o fracasar por desavenencias.

Los temas generales que se deben tratar en una reunión o sentados a la mesa son muy específicos:

Actualidades, sin caer en el sensacionalismo o en la descripción desagradable.

Literatura, música, teatro, comentarios sobre programas y personalidades de televisión, cine, deportes, o temas sobre ecología.

Temas que se deben evitar: Política nacionalista o partidista, religión si hay personas de varios credos, accidentes, enfermedades y críticas a personas ausentes. Cabe al anfitrión cambiar de tema con mucho tacto, pero rápidamente.

Un vasto léxico castellano enriquece la conversación y la hace amena y variada. Si además se usan con propiedad ciertas palabras o locuciones extranjeras que vengan al caso en un momento determinado, la conversación será escuchada con agrado.

Daremos a continuación una lista de algunas de estas locuciones, advirtiendo que si no se usan con sobriedad y conocimiento, se puede caer en el ridículo:

Accelerando - italiano: acelerando en tiempo musical.
Adagio - italiano: suave, lento musicalmente.
Ad infinitum - latín: hasta el infinito, sin fin.
Ad libitum - latín: a placer, a discreción.
Agremént - francés: acuerdo, contrato, término diplomático.
A la carte - francés: a la carta, menú.
Alias - latín: con otro nombre.
Alibi - francés: coartada.
All right - inglés: muy bien, en orden.
Alma Mater - latín: nombre que se le da a la universidad.
Alfa y Omega - griego: para designar el principio y el fin.
Alter ego - latín: el otro Yo.
Amateur - francés: aficionado.
Andante - italiano: tiempo musical bastante lento.
A posteriori - latín: por lo que viene después.
A priori -latín: por lo que precede.
A pro rata - latín: en proporción.
At home - inglés: en casa, en el hogar.
A tout prix - francés: a toda costa, a cualquier precio.

Au pair - francés: a la par.
Avanti - italiano: adelante (interjección).
Beefsteak - inglés: filete de carne.
Beige - francés: color crema.
Bel canto - italiano: canto artístico.
Bijou - francés: Joya.
Bluff - inglés: fanfarronada.
Blue jeans - inglés: pantalón azul de trabajo.
Bon vivant - francés: que sabe vivir bien.
Bungalow - inglés: casa pequeña.
Business - inglés: negocio.
Cherchez la femme - francés: buscar la mujer.
Chi lo sa? - italiano: quién lo sabe.
Chianti - italiano: vino tinto de Toscana.
Chippendale - inglés: un estilo de mueble.
Cocktail - inglés: mezcla de licores para beber (cola de gallo).
Cogito, ergo sum - latín: pienso, luego existo.
Coiffure - francés: peinado.
Coiffeur - francés: peinador, peluquero.
Comme il faut - francés: como debe ser.
Common sense - inglés: con sentido común.
Copyright - inglés: derecho de reproducción.
Cowboy - inglés: vaquero americano.
Crescendo - italiano: en aumento, tiempo musical.
Cum laude - latín: califica una tesis doctoral. Alabanza.
Curriculum vitae - latín: historial biográfico o profesional.
Debut - francés: estreno, presentación.
De facto - latín: de hecho.
Dolce far niente - italiano: la dulce ociosidad.
Eureka - griego: lo hallé, lo encontré.
Ex abrupto - latín: de improviso, fuera de tono.
Fair play - inglés: juego limpio.
Fin de siècle - francés: fin de siglo.
Grosso modo - latín: de cualquier modo.
Hall - inglés: vestíbulo, gran salón.
Handicap - inglés: ventaja en deportes, obstáculo, impedimento.
Hara kiri - japonés: sistema de suicidarse en el Japón.
Honoris causa - latín: título doctoral.
Hors-d'oeuvres - francés: entremeses, entrada en culinaria.
In albis - latín: sin noticias, en blanco.
In extremis - latín: a la hora de la muerte.
In flagranti - latín: con las manos en la masa.
In illo tempore - latín: en aquel tiempo.

In memoriam - latín: en recuerdo de, en memoria.

In statu quo - latín: en el estado actual.

Interview - inglés: entrevista.

Knock out - inglés: fuera de combate en boxeo, el que pierde.

Lapsus - latín: falta, distracción.

Lunch - inglés: merienda.

Madame - francés: señora.

Mademoiselle - francés: señorita.

Made in ... - inglés: hecho en ...

Mea culpa - latín: reconozco mi culpa.

Meeting - inglés: reunión, asamblea.

Merci - francés: gracias.

Messieurs - francés: señores.

Miss - inglés: señorita.

Mister - inglés: señor.

Modus vivendi - latín: modo de vivir.

Outsider - inglés: extraño, ajeno.

Res, non verba - latín: hechos, no palabras.

Sex-appeal - inglés: atracción sexual.

Shake-hand - inglés: apretón de manos.

Sir - inglés: señor.

Sire - francés: majestad.

Smart - inglés: elegante, inteligente.

Snob - inglés: persona que se hace el distinguido.

Soirée - francés: velada.

Souper - francés: cena.

Souvenir - francés: recuerdo.

Steward - inglés: camarero y cabinero.

Stewardess - inglés: azafata.

Team - inglés: equipo.

Tête-à-tête - francés: de tú a tú.

Tea - inglés: té.

That is the question - inglés: esa es la pregunta, la cuestión.

To be or not to be - inglés: ser o no ser.

Up to date - inglés: a la moda actual.

Vademecum - latín: manual de consulta (referido a diversas ciencias y artes).

Vaudeville - francés: pieza cómica ligera.

Veni, vidi, vinci - latín: vine, vi, vencí (César).

Voilà - francés: he aquí.

II – Etiqueta

Para ejecutivos

En el mundo de los negocios son indispensables los buenos modales y el comportamiento adecuado para tener éxito. Un buen ejecutivo debe preocuparse por su apariencia personal y su conversación. Debe saber cómo desenvolverse no solamente en la oficina sino en la parte social que implica una relación de negocios.

Buenos modales por teléfono, pueden hacer o deshacer un negocio.

Una secretaria bien entrenada para contestar el teléfono es la mano derecha de un ejecutivo.

En algunas oficinas se acostumbra a apuntar en libretas preimpresas para llenar con rapidez los recados. Por ejemplo: quién llamó, la hora y el mensaje recibido.

La secretaria debe ser instruida de cómo la compañía o su jefe desean que se identifique: Por ejemplo: "Conscaribe a sus órdenes". "Este es el despacho del Dr. Fulano de Tal". – Si la persona no se identifica, preguntar cortésmente: "¿Quién llama, por favor?".

Cuando se ha pedido una llamada a través de la secretaria, procure no hacer otra llamada, pues podrían salir al mismo tiempo y una de ellas se verá obligada a esperar. La persona que usted llamó tiene la prioridad y entonces la segunda persona a la que usted ha hecho llamar tendría que esperar.

La novedad de poner música al que llama mientras se localiza la persona solicitada es poco elegante.

Una secretaria bien entrenada responde inmediatamente. Esto crea una sensación de eficiencia.

Cuando el jefe o ejecutivo está muy ocupado o la secretaria no puede juzgar qué tan importante es la llamada debe contestar discreta pero cortésmente algo como "En el momento está en la otra línea. Desea dejar el mensaje o puedo pasarle su llamada a otra persona". Nunca contestar "No está" o "Está en una reunión". Estas respuestas producen malestar a quien llama.

En una oficina hay que evitar al máximo las llamadas personales, sobre todo en las horas de más trabajo. No permitir que la persona que llama se extienda en una larga conversación. Es correcto decir que se está ocupado o que por el momento no es posible seguir conversando. Las charlas telefónicas fastidian a las otras personas en la oficina que no pueden evitar escuchar conversaciones ajenas, que además interrumpen su labor.

Vestuario de una ejecutiva

En la oficina una ejecutiva vestida de acuerdo con su actividad profesional sugiere eficiencia. El vestido es el reflejo de la personalidad y no hace falta mucho dinero para vestirse bien y con buen gusto.

La nitidez y la limpieza son esenciales para una buena apariencia. Un corte de cabello a la moda y fácil de retocar en cualquier momento es lo más práctico. Dejar los peinados elaborados para las reuniones sociales fuera de la oficina.

Hoy día se consiguen toda clase de cosméticos fáciles de aplicar.

Una buena base protege la cara y disimula imperfecciones. Las cejas deben estar bien delineadas, libres de cañones. Sombras, delineador, pestañina, rubor y lápiz de labio deben usarse diariamente y con discreción. Los maquillajes fuertes son para la noche.

El clima en los lugares cálidos no favorece el color del cutis.

Una mujer cuida este detalle aunque no le guste maquillarse mucho aplicándose una ligera base y algo de rubor.

Una secretaria que maneja máquinas y computadores debe conservar sus manos aseadas y uñas arregladas.

El vestido de una ejecutiva debe ser sencillo, fácil de lavar y de combinar con otras prendas. Usar blusas de telas suaves y en colores variados, de mangas cortas o largas; no son aconsejables las mangas revocadas ni las de telas muy transparentes. Que la blusa corresponda a la talla de su dueña.

Faldas de diversos cortes de acuerdo con su figura. Colores variados y fáciles de combinar con las blusas. Hay infinidad de telas para escoger.

Hay que cuidar que el vestido no quede demasiado ceñido; puede dar impresión de gordura o causar admiraciones equivocadas.

El vestido camisero es muy práctico y vestidor. Otro tipo de ropa puede escogerse según la moda y siempre teniendo en cuenta que es una prenda de trabajo: sobria y práctica.

En los climas templados y fríos un traje sastre tipo sport es apropiado para una ejecutiva. El sastre negro es mejor para actividades después de horas de oficina.

Un saco corto o largo según la moda o un abrigo liviano que se lleva sobre el vestido es prenda indispensable en el guardarropa de la mujer que trabaja en estos climas.

Sacos de fantasía y pieles no son para ir al trabajo.

El uso de blue-jeans o pantalones no es aconsejable, pues la mayoría de las compañías, bancos y demás oficinas no permiten su uso.

La media larga en colores de moda bien estiradas y sin el famoso "punto corrido" complementan el atuendo. Un consejo práctico es mantener en un cajón del escritorio unas medias de repuesto para subsanar este accidente.

Zapatos cómodos, confeccionados en diversos materiales y ojalá a tono con el vestido. No son aconsejables las sandalias ni las trabillas molestas en el tobillo, aunque estén de moda. El alto del tacón es opcional. El calzado debe lucir siempre limpio y en buen estado.

Debe usarse una cartera de tamaño mediano o grande, de buen material y en color neutro para que salga con el resto del atuendo. Puede ser para llevar al hombro o en la mano.

El maletín de documentos de una dama ejecutiva es un poco más pequeño que el de un ejecutivo.

Aretes, pulseras, collares, cinturones, discretos adornos de cabeza, prendedores, pañoletas se llevan según la moda y el buen gusto de la ejecutiva.

Según como se vista la ejecutiva transmitirá un mensaje a sus compañeros de trabajo, sus empleados, sus clientes o sus jefes; es decir, si usted quiere ser tratada como un hombre llevará pantalones de corte clásico masculino y blusa sport o suéter. Si por el contrario desea ser tratada con la cortesía que inspira la mujer, escogerá ropa de indiscutible sello femenino pero práctico.

Los escotes o las telas brillantes de colores subidos no son prendas para la oficina.

Si una ejecutiva tiene que asistir a conferencias y convenciones en hoteles o sitios de reunión, debe tener listo en su guardarropa un conjunto apropiado, el cual puede llevar en un pequeño maletín el día del evento para cambiarse en la oficina.

Vestuario de un ejecutivo

El traje. Un hombre debe cuidar su apariencia personal. Usará en las grandes ciudades y en los climas templados y fríos vestido completo de calle:

Chaqueta y pantalón. Colores azul o gris oscuros.

Telas: En paños, lanas o mezclas sintéticas. En colores oscuros o mate, a rayas, a cuadros pequeños o la llamada Príncipe de Gales.

Saco sport. El más aceptado es el blazer azul oscuro. El paño tweed es muy apropiado para una saco sport.

Chaqueta sport como las cazadoras de cuero, chompa gruesa.

Camisas blancas, a colores, lisas o a rayas de algodón o mezclas sintéticas. Cuello duro, manga larga. Mancornas sencillas.

Corbata: En colores vivos, forrada para que no se arrugue y a tono con la camisa y el vestido. El ancho y el largo de la corbata varían según la moda. Una corbata bien escogida revela el gusto de su dueño.

Cinturón: A tono con el vestido. El ancho, largo y la hebilla también varían por la moda.

Las tirantas y ligas si acostumbra a usarlas.

Medias: Grises, cafés o negras. Las blancas gruesas de algodón son deportivas. Nylon, seda o algodón y lo suficientemente largas para que al cruzar la pierna no deje ver la piel. Deben estar a tono o con el pantalón o con los zapatos y bien estiradas.

Zapatos: De cuero negros o marrones de cordones. Los mocasines son más deportivos pero sirven para la ocasión.

Un pañuelo blanco de lino o en seda de color metido en el bolsillo izquierdo de la chaqueta darán el toque final al ejecutivo bien vestido.

NOTA: Formas para doblar el pañuelo:

Casual: Se toma el pañuelo por el centro y se introduce en el bolsillo dejando que se asomen sus cuatros puntas como caigan.

Cuadrada: Se dobla el pañuelo en dos y luego en cuatro y al meterlo en el bolsillo sólo se debe ver una banda horizontal.

Triangular: Se dobla como el anterior pero sólo asoma del bolsillo una punta del pañuelo.

El pañuelo en todas estas formas sólo debe sobresalir tres centímetros del bolsillo.

En verano y en los climas cálidos el atuendo del ejecutivo cambia: Camisa de cuello y manga corta o sport en variedad de colores, a rayas o de pequeños dibujos. Puede o no usar corbata.

También se usa la guayabera. Esta es una prenda originaria de algún país tropical y viste más que una camisa sport. Se lleva por fuera, es confeccionada en lino, algodón o en otra tela fresca. La más elegante es la blanca de lino con alforzas y bolsillos adelante en el pecho y abajo de la cintura. Las hay también de colores y bordadas. Los botones son en hueso y en forma ovalar, pero no es indispensable este diseño.

En las regiones cálidas del país se permite la guayabera a la hora del coctel o comida informal.

Pantalones en telas ligeras como lino, algodón, mezcla sintética. En colores van desde el blanco, beige, hasta el negro.

Corbata, medias y zapatos a tono con el pantalón.

Cuando un ejecutivo se familiariza con las costumbres de sus compañeros de oficina puede vestirse al igual que ellos. Sin embargo, si para trabajar en su escritorio está en mangas de camisa debe tener a la mano una chaqueta que se pondrá para recibir personas, salir a almorzar o a reuniones con altos ejecutivos y ante una dama que llega.

Blue-Jeans. Son apropiados para ejecutivos que tienen que salir a trabajar a campo abierto como los ingenieros, los arquitectos y sus asistentes. No son indicados para las damas de la misma profesión: pierden feminidad.

Cuando un ejecutivo viaja a tierra fría debe evitar usar vestidos blancos, beige, azul o gris claro, medias, zapatos y corbatas blancas o en tonos claros.

Modales y comportamiento de un ejecutivo

Un alto ejecutivo recibe a sus clientes de saco y corbata. Si es una ejecutiva su atuendo debe estar acorde con su posición.

Un vestido camisero o un sastre de lana, paño o lino, según el clima, es lo apropiado.

Asistir a conferencias o seminarios no presenta problemas para la vestimenta de un ejecutivo. Puede ir con su mismo atuendo de trabajo. Si tiene que asistir a un almuerzo enseguida de la reunión debe usar chaqueta. A veces es requisito exigido en algunos restaurantes y hoteles.

El comportamiento de un ejecutivo con respecto a una compañera de oficina es un término intermedio entre los modales de un caballero para con una dama y el trato más casual que se dan los hombres entre sí. Por ejemplo si al salir de la oficina llegan juntos a la puerta o a la escalera, él y no ella debe ceder el paso o abrir la puerta. Si ella va a fumar y él tiene un encendedor a la mano se lo ofrece. Y si ambos al llegar al vestier tienen que dejar su abrigo, él cortésmente la ayudará a quitárselo.

Un ejecutivo debe ponerse de pie cuando una mujer entra a su oficina, a menos que sea su secretaria o una compañera de trabajo.

Cuando una ejecutiva entra a una sala de juntas, si sus compañeros ya están sentados no tienen que ponerse en pie. Simplemente el más cercano a ella se levanta y le ofrece una silla.

Desayunos de negocios

Son muy recursivos hoy, pues las personas están descansadas para comenzar a tratar sus asuntos; se pueden llevar a cabo tanto en la casa como en un sitio público, como cafeterías, Coffee Shops de los hoteles o algún sitio acogedor de la esquina cerca a la oficina.

Estos desayunos de negocios deben ser de corta duración. La hora indicada es entre las siete y las nueve. Este tipo de reunión no debe durar más de una hora.

El atuendo para asistir a un desayuno de negocios es el mismo que usará para ir a la oficina.

Mesa de Junta Directiva
Cómo sentar los integrantes en orden de importancia

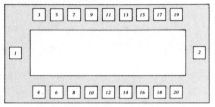

1 Presidente
2 Secretario general
3, 4, 5, 6, 7 Miembros principales
8, 9, 10, 11, 12 Miembros suplentes
13, 14, 15, 16, 17, 18, 19, 20 Personal técnico de la Compañía.

Almuerzo ejecutivo
Cómo sentar a la mesa

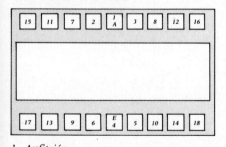

1. Anfitrión
2 - 3 - 5 - 6 - 11 - 12 - 13 - 14 Invitados
4 Ejecutivo Vicepresidente
7 - 8 - 9 - 10 - 15 - 16 - 17 - 18 Ejecutivos en orden de importancia

a: Trate siempre de alternar un invitado con un ejecutivo de la compañía.

Almuerzos de negocios

Tienen lugar generalmente en un restaurante o en un club privado y es mejor acudir a un sitio en donde se sabe atienden con rapidez. Es la ocasión para comer viandas ligeras y no muchos platos. Se puede ofrecer un aperitivo. Acompañarlos con vino suponiendo que las personas vuelven a su trabajo puede resultar poco indicado. A algunas personas no les gusta ingerir nada de alcohol.

Un almuerzo de negocios en casa, en un día de semana, requiere puntualidad tanto de parte de los invitados como de los anfitriones. Se procede en la misma forma que el anterior.

Un almuerzo de trabajo entre ejecutivos hombres y mujeres no exige la misma etiqueta que para una pareja de caballero y dama. Es decir, almuerzos rápidos en cafeterías o restaurantes sólo exigen un cordial saludo de compañeros y sentarse sin protocolo.

Si él y ella, ejecutivos, van a un restaurante y es la dama la que invita, el caballero puede aceptar, pues supone es una reunión de negocios.

La ejecutiva siempre marca la pauta a seguir en cuanto a pequeñas atenciones se refiere para con sus compañeros varones: si él va con los brazos llenos de papeles, le abre la puerta. Si ella se sirve un café le ofrece a su compañero.

No hay que olvidar que una mujer que actúa con educación recibe igual trato, o sea que una persona que es cortés es tratada con cortesía.

La tercera regla de oro de la etiqueta en precedencia es la indicada para aplicar en la oficina. Ejemplo: si un jefe quiere presentar su secretaria a un visitante o cliente dirá: Carlos, me gustaría presentarte a mi secretaria, Alicia Flórez — Alicia, le presento al señor Botero—; pero si dicha secretaria prefiere ser presentada con su apellido de casada se dirá algo como: Carlos, me gustaría presentarte a mi secretaria Alicia de Flórez — señora de Flórez, le presento al señor Carlos Botero.

El uso del "tú" en castellano y en la oficina, como en cualquier otro lugar, tiene su etiqueta.

Dos personas jóvenes, por ejemplo jefe y secretaria que en sus relaciones sociales se tratan de "tú", deben evitar este trato en la oficina.

Un jefe puede llamar a su secretaria por su nombre, no así ella quien debe siempre dirigirse a él por su título y apellido.

Ejemplo: "Alicia, hágame el favor de llamar al presidente del Banco, deseo hablar con él" – Alicia hará la llamada y dirá a su jefe: "Doctor Mejía, su llamada está lista".

Un buen ejecutivo evitará nombrar a su secretaria ante sus colegas o clientes "mi secre", ni para dirigirse al personal femenino de su oficina usar términos como "linda", "querida", etc. Al emplear estos términos un jefe no tiene la intención de mostrarse confianzudo, sino pereza para aprenderse cada uno de los nombres del personal.

Sugerencias

Un ejecutivo anfitrión debe ser muy claro: "Yo invito" quiere decir "pago la cuenta". La etiqueta dice que la invitación a una comida de negocios debe hacerse con tres o cuatro días de anticipación. Invitar a última hora podría dar la impresión de no ser una atención especial. No debe cambiar la fecha fijada si no es absolutamente necesario. Si lo hace debe ser por una muy buena razón y llamar personalmente a su invitado, no a través de la secretaria.

Si le toca esperar a su invitado, no coma pan ni ordene un trago antes de su llegada. La mesa debe estar impecable y con la servilleta doblada.

Debe llegar unos minutos antes de la hora fijada. Como anfitrión debe ser quien reciba a los invitados.

La puntualidad es muy importante. El anfitrión está obligado a esperar una hora y proceder según su criterio: comer o dar una propina al camarero y marcharse.

Si un restaurante exige saco y corbata o prohíbe presentarse en blue-jeans, el ejecutivo debe aceptarlo y no tratar de ser la excepción.

Si invita a un lugar muy concurrido debe reservar con anticipación la mesa.

Cuando asisten las esposas, los ejecutivos deben tratar de no hablar sólo de negocios.

Comportamiento en asambleas, comités o juntas directivas

El lugar donde se efectúa esta clase de reuniones debe ser una habitación bien preparada, con buena luz, clima agradable, mesa amplia y sillas cómodas, aislados del trajín del resto de las oficinas de la entidad, tener ceniceros (si se permite fumar), vasos y agua fresca, libretas y lápices.

Un ejecutivo que dirige este tipo de reunión delega en su secretaria u otra persona competente, chequear todo lo anterior teniendo en cuenta las siguientes sugerencias:

Escoger el día y la hora convenientes para todos; es mejor citar por las mañanas cuando todos están descansados y a principios de semana, ya que en viernes en la tarde sus colegas están agotados y desean irse a descansar el fin de semana.

Cómo sentar ejecutivos en una mesa principal de congreso o seminario

1 Anfitrión   7 Invitado
2 Invitado   8 Ejecutivo
3 Invitado   9 Invitado
4 Ejecutivo   10 Ejecutiva
5 Ejecutivo   11 Invitada
6 Invitado   12 Ejecutivo

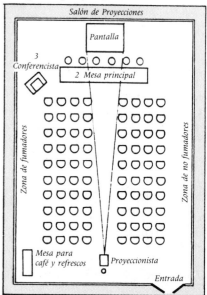

Cómo organizar un salón de conferencias, congresos o proyecciones

Mesa formal de ejecutivos

Cómo sentarlos en orden de importancia

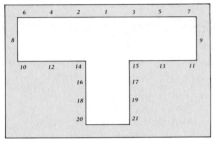

Presidente o ejecutivo más alto: número 1, y así sucesivamente.

Comité Directivo

En orden de importancia

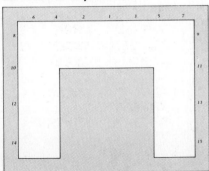

Avisar con tiempo suficiente o respetar el día y hora fijados, cualquier cambio debe tener una razón para aplazar dicha junta.

Preparar con cuidado la lista de los miembros y que sean citados los que allí deben estar, es decir, los que por estatutos se exijan, y los asesores o técnicos en algunos de los temas a tratar y que contribuyan a su juicio al éxito de la reunión. Esta lista debe ser elaborada por el secretario de la Junta.

Hacer llegar abundante material sobre el tema a los demás miembros para su información. Que no se vean obligados a leerlo durante la Junta.

Determinar cuánto tiempo se debe esperar si alguno de los miembros se retrasa, sobre todo si es una persona importante para la entidad o si es la que preside la Junta.

El secretario de la Junta debe entregar un resumen de lo tratado a aquellas personas que han llegado tarde.

En el caso de haber nuevos miembros o funcionarios, hacer las presentaciones con frases amables y dar los nombres de cada uno, el cargo que ocupan y a quienes representan en la Junta.

Si está dirigiendo la Junta, estar atento a que las discusiones no tomen un giro antagónico y con tacto apaciguarlas.

Controlar con cortesía a aquellos que se extienden con largas exposiciones o se salen del tema. Recordar que el tiempo es limitado. Llegar a tiempo y si es posible unos minutos antes.

Si se es nuevo en la Junta, aprovechar estos minutos para darse a conocer ante los que hayan llegado. Repartir sus tarjetas de presentación.

Al entrar, esperar a que la persona indicada le señale su puesto o le diga "puede ocupar cualquier silla" y en ningún caso tratar de sentarse a la derecha del presidente de la Junta si no se es invitado.

Si como responsable de la Junta se notan demoras para comenzar, procurar hacer un llamado de atención.

En el desarrollo de las conversaciones no alzar la voz. No monopolizar la reunión cuando se "tiene la palabra", ni interrumpir a quienes estén leyendo documentos.

Un ejecutivo debe tener cuidado de no gesticular al hablar y recoger los codos para no estorbar a sus vecinos de mesa.

Desarrollo de una Junta

El secretario de ésta verifica el quórum, lee el orden del día y el Acta de la Junta anterior. Quien la preside abre la discusión sobre esta Acta y una vez aprobada, autoriza para continuar con el orden del día.

Quien preside la Junta es quien otorga la palabra. Debe ser cuidadoso en observar los turnos para cada intervención y con una inclinación de cabeza dirigirse a la persona y decir el nombre completo del miembro a quien le concede dicho turno.

Dirigir una Junta requiere tacto, sentido común y cortesía.

Si empezada la reunión llegare tarde alguno de sus miembros, debe dársele la bienvenida y señalarle su puesto. Si es una dama el presidente debe levantarse y saludarla con una inclinación de cabeza. A esta persona se la debe enterar rápidamente del tema en discusión. A su vez dicha persona debe dar excusas por su retraso.

Es de cortesía recordar que los puestos a ambos lados de quien preside una Junta son para los de mayor importancia.

Viajes de negocios

El viaje de un ejecutivo conlleva siempre una meta específica. Debe prepararse con tiempo no solamente lo relativo a reservaciones de transporte y hotel, documentos, etc., sino también tener en cuenta que como persona debe emplear la etiqueta y el buen comportamiento necesario para llevar a cabo con buen éxito su gestión.

Detalles sobre reservaciones, transporte, documentos y vestuario se encuentran en el capítulo de viajes. Sobre comportamiento en los restaurantes, favor referirse al capítulo sobre Restaurantes y al de Comportamiento en lugares públicos para la información respectiva.

Aparte de lo anterior hay sugerencias muy prácticas para hacer un buen papel:

* Entérese con personas que ya han hecho el viaje sobre costumbres de vestuario según la ocasión.

* Si viaja al extranjero a un país de idioma diferente y el cual usted no domina, procure aprenderse las frases indispensables como "buenos días", "buenas tardes", "gracias", "perdone", "por favor", "ha sido un placer conocerle", "hasta luego" o "hasta pronto".

* Lea un poco acerca del país que va a visitar, algo de su historia, de su situación política y de sus costumbres religiosas.

* A veces hasta la manera de saludar es diferente. Pregunte si puede estrechar la mano y dar su nombre, o si puede ofrecer su tarjeta de presentación.

* Si piensa llevar regalos infórmese a quién lo puede ofrecer y cuándo. Como por ejemplo si es costumbre al recibir una invitación a comer o a cualquier otra recepción si es en su honor si debe enviar flores a la anfitriona.

* También es importante saber si la puntualidad tanto para las citas de negocios como para las invitaciones sociales es muy exigente o un poco más elástica. Es decir, si debe llegar en la hora, un poco tarde o bastante más tarde.

* Es importante conocer los nombres de las autoridades del país como presidente de la república, a qué partido pertenece y el nombre y dirección del embajador o cónsul de su país.

* También es importante enterarse de cómo les gusta que les diga al referirse uno a su país. Por ejemplo Estados Unidos y norteamericanos a los americanos; Unión Soviética y no Rusia a este país. Recordar que los países del Cercano Oriente son varios como Siria, Líbano, Palestina y que su gentilicio es de acuerdo con el nombre de su país y no "turcos", que solamente son los oriundos de Turquía.

* En nuestro país no tome a mal si en la costa le dicen "cachaco" y si en el interior le dicen "costeño". Ambas expresiones, si no están acompañadas de frases despectivas, son la manera corriente de identificarnos por región.

Para un ejecutivo de talla internacional es muy importante hablar inglés o al menos dominarlo. El francés es muy útil en Europa y en casi todos los países asiáticos y del Norte de Africa. Si la gestión que se le encomienda es muy importante u oficial, es mejor conseguir un buen intérprete.

El intérprete debe conocer la naturaleza de su negocio, dominar el lenguaje técnico que se usa y entender la importancia que para usted tienen las reuniones que se lleven a cabo.

Si por el contrario usted recibe a alguien que no habla español y usted sí conoce su lengua, es muy elegante hacer las presentaciones en su lengua e informarle qué posición ocupa cada uno en la empresa, pues será una gran ayuda para él.

En el mundo de los negocios es muy frecuente intercambiar la tarjeta de presentación por un lado en español y por el otro en el idioma del país que se visita.

Al organizar seminarios o convenciones se debe pensar en redactarlas en dos o tres idiomas, los más usuales son inglés, español y francés. Que la agenda a cumplir y los programas sociales estén escritos en los tres idiomas.

Si su huésped no domina el idioma, pero trata de hacerse entender, sea paciente y ayúdelo a expresarse.

Tampoco use expresiones muy locales ante sus colegas visitantes, ya sea que hablen español o cualquier otro idioma.

Los modales en la mesa cambian sustancialmente en algunos países como Japón, Arabia, China, etc. Es mejor enterarse de las costumbres básicas de etiqueta de la mesa.

Acerca de los regalos que puede hacer un ejecutivo hay dos maneras para estar seguros de agradar. O preguntándole a un compañero que conozca la cultura del país que vamos a visitar o a través de la Embajada o el Consulado acreditado ante nuestras autoridades.

Los regalos no deben ser muy costosos porque podrían tomarse como un soborno. Debe estar muy bien presentado y si ha sido posible averiguar a través de su secretaria su hobby es un gran detalle regalar algo alusivo. También algo relacionado con su profesión o algún objeto bien elaborado de la artesanía de nuestro país.

Tenga en cuenta algunas costumbres peculiares en ciertos países:

No regale una corbata a rayas a un inglés. Un británico no se pone sino la corbata de su regimiento.

A un argentino no le regale cuchillos porque significa que desea cortar sus relaciones comerciales; ni a un hindú artículos confeccionados en cuero de res, pues para ellos la vaca es sagrada.

Nunca dé a un japonés un regalo delante de otras personas a menos que usted tenga regalos para todos los presentes.

Como hemos dicho anteriormente todo regalo hay que agradecerlo.

Una nota de agradecimiento escrita a mano es un acto de cortesía.

Una ejecutiva debe abstenerse de hacer regalos a su colega extranjero a menos que lo conozca muy bien. Debe esperar a que le hagan un regalo o cuando ella es la invitada de honor en algunas recepciones de negocios.

En la oficina

Para una secretaria, la persona más importante es el jefe.

Siempre dar la impresión de que el visitante es muy importante, nunca despreciarlo por humilde que sea.

Cuanto más importante y eficiente sea una secretaria o recepcionista, con mayor gusto el jefe le aumentará el sueldo y querrá conservarla. A todo jefe le gusta la empleada que es nítida, impersonal, eficiente y educada. El atributo esencial para trabajar es la eficiencia.

Uno de los objetivos de una secretaria o recepcionista es coordinar los compromisos de su jefe, ya sean citas, llamadas o visitas con sus clientes.

Si su jefe le dice "buenos días", debe contestar con una sonrisa alegre: "buenos días". No hay que hacer más comentarios a menos que tenga algún mensaje pendiente que darle.

34

Recordar que una secretaria jamás comenta o traiciona los asuntos de su jefe aun cuando ya no trabaje para él. Los compromisos de su jefe deben ser considerados secreto profesional aunque a una le parezcan absurdos.

Una buena secretaria debe saber que la correspondencia de su jefe es sagrada; nunca abrirle cartas que se ven obviamente de carácter privado como sobres a mano, cartas perfumadas o de aspecto romántico.

Cuando abra la correspondencia debe colocarla en el escritorio así: dentro de un sobre de manila poner todas las cartas abiertas con sus sobres, esto con el fin de evitar que personas que tengan acceso hasta su escritorio no se enteren del contenido de su correspondencia.

Es muy elegante recibir el dictado de pie, pero es más cómodo sentada. No espere a que su jefe se levante y le ofrezca la silla.

Entre, acerque su silla donde le escuche bien y donde vea bien lo que escribe.

Una persona que trabaja con otras sabe ser impersonal.

Concentrarse en su trabajo sin comentarios personales o sentirse ofendida por ellos. Muchas no pueden escalar altos puestos porque no pueden disimular sus estados de ánimo, temperamento o rivalidades. Dejar los sentimientos personales en casa. Una norma a seguir puede ser la habilidad para trabajar eficientemente y con agrado para otras personas.

No olvidar que los olores los causan: perfumes fuertes, comidas condimentadas, falta de baño, olores del cuerpo. Vigilarlos, lavar la ropa, hacer gárgaras, usar desodorantes.

En el restaurante

Al entrar - Un caballero al entrar en un restaurante se quita el sombrero y si acompaña una dama se excusará mientras chequea el abrigo y el sombrero en el guardarropa. Si la dama lleva sombrero se lo dejará puesto.

Guardarropa - Si hay uno, el caballero se quitará el abrigo primero y después ayudará a la dama a quitarse el suyo. El entrará antes en el salón, manteniendo la puerta abierta para la dama.

Si hay un maître o persona que reciba, éste los guiará a la mesa indicada. El caballero dará un paso atrás y cederá el paso a su compañera. Cuando no hay este servicio, el caballero iniciará la marcha y guiará a su dama hasta el sitio indicado. El caballero retira la silla para sentarla, preferiblemente a su derecha.

Al sentarse - Los puestos más cómodos y mejor orientados corresponderán a las damas y con preferencia a la invitada de honor.

El caballero no se sentará hasta que todas las señoras se hayan sentado.

No olvidar que todo hombre bien educado se levantará cuando llega una dama al lugar donde él se encuentre sentado.

Cómo ordenar - Cuando se da un almuerzo o una comida en un restaurante, el anfitrión puede ordenar con anticipación el menú que desee ofrecer. Entonces, al sentarse sus invitados no recibirán la carta de manos del maître o mesero. Los comensales deben aceptar lo que les sirvan como se hace cuando lo invitan a uno a una comida en casa. En ningún caso rechazar lo ofrecido o tratar de ordenar otra cosa.

"A la carta" - Quiere decir que el cliente escogerá cada plato.

"Menú a precio fijo" significa que comprende una entrada, un plato fuerte y un postre por un precio más económico.

El anfitrión preguntará a sus invitados si desean un aperitivo mientras estos estudian el menú que ha sido ofrecido a cada uno por el camarero. Estos a su vez se dirigirán al anfitrión diciéndole el plato escogido y éste impartirá las órdenes al mesero.

La escogencia de los vinos queda a la discreción del anfitrión, quien escogerá el que considere conveniente de acuerdo con los platos ordenados.

Un comensal que sabe de etiqueta, pedirá lo siguiente o menos: una entrada, un plato fuerte, postre, quesos y café.

Cuando el anfitrión no conoce bien acerca de vinos, puede pedir consejo al maître o al camarero, o en restaurantes muy elegantes al "somelier" o encargado de los vinos.

Si un comensal no desea vino, debe posar un dedo en el borde de la copa sin dirigirse al camarero y este comprenderá con este gesto que no debe servírselo.

Una dama aunque quisiera, se abstendrá de cambiar una copa de vino por una de whisky o cualquier otra bebida fuerte. La gente joven prefiere una gaseosa o un vaso de leche.

En algunos restaurantes, especialmente en los de tipo sueco, la comida se ofrece en forma de buffet o mostrador. En ese caso hay mesas alrededor. El caballero conducirá primero a su dama a una de estas mesas, tomarán posesión de ella y luego la invitará a pasar al buffet.

El tráfico en un buffet siempre va como las manecillas del reloj, de izquierda a derecha; se encontrarán primero las entradas, las ensaladas y luego los platos fuertes fríos o calientes con sus acompañamientos de arroces, papas y verduras y por último los postres. Este tipo de menú tiene generalmente un precio fijo y a veces resulta más económico que si se ordena "a la carta".

En algunos restaurantes sirven los vegetales o las papas en pequeños platos que colocan al lado de cada comensal. Este puede comerlos directamente de los platos o pasarlos a su plato con la ayuda de una cuchara de servir, o bien deslizarlos suavemente a su plato, teniendo el cuidado de pedir al camarero que retire los platos vacíos.

Ciertos cocteles vienen adornados con aceitunas, cerezas o cebollitas. Es correcto comérselas. Si están ensartadas sencillamente se comen del palillo; si no traen palillo se toma un poco del coctel hasta que sea posible tomarla con los dedos sin mojarlos. Las rodajas de piña o naranja no son fáciles de comer; es mejor dejarlas.

Para llamar al camarero lo correcto es tratar de atraer su atención con la mirada y alzar la mano con los dedos hacia arriba, como diciendo: "atención por favor, venga acá". Si no logra atraerlo, puede llamar diciendo: "camarero" o pedir a otro que esté más cerca: "hágame el favor de llamar a nuestro camarero". No es correcto silbarlos, ni llamarlos con palmadas. A una camarera se le puede decir "señorita"; no así "caballero" al camarero.

Si se desea probar del plato del compañero, lo cual se puede hacer entre una o dos parejas, lo correcto es pasarle su tenedor para que él escoja un pequeño bocado. Nunca trate de hacerlo por usted mismo.

La cuenta - Esta será presentada por el camarero al anfitrión, quien de una ojeada rápida juzgará si corresponde a lo consumido y pagará, preferiblemente con tarjeta de crédito. Esta costumbre se ha generalizado porque es muy difícil llevar el importe exacto en los bolsillos.

La propina - En nuestro país es del 10% sobre la cuenta total.

Por ley no debe estar incluida en la cuenta. En Estados Unidos este porcentaje se sube al 15%. Si el agasajo es a un grupo grande, el anfitrión debe darle, además, una propina apreciable al maître.

Estas reglas de etiqueta del restaurante son aplicables a invitaciones en clubes privados, comedores de hoteles, cafeterías o lugares de comida rápida.

Si una dama se detiene a saludar a otra en un restaurante, ésta no debe ponerse en pie.

Si al entrar a un comedor o restaurante encontramos conocidos ya instalados y comiendo, es de cortesía saludar brevemente y seguir para no interrumpir a los comensales.

Vocabulario en los menús y su significado

He aquí una breve lista de las palabras más utilizadas por las personas que frecuentan restaurantes:

- *Aspic:* Plato frío hecho a base de gelatinas.
- *A la Española:* Guiso a base de tomate y ajo.
- *A la Milanesa:* Arroz con azafrán o lomitos rebozados con huevo y pan rallado. También se rebozan así las costillas de cordero.
- *A la plancha:* Alimentos asados a la plancha con poca grasa.
- *Al gratín:* Cualquier manjar cubierto de bechamel, queso y mantequilla y dorado al horno. Por regla general se preparan así los macarrones, pescados y mariscos.
- *A la Bordelesa:* Salsa hecha con hierbas aromáticas, coñac, pimienta y jugo de limón.
- *A la cazadora:* Guiso de pollo o cordero, preparado con vino blanco, coñac, tomate y perejil.
- *A la parmesana:* Guiso condimentado con mantequilla y queso parmesano rallado y gratinado al horno.
- *A la "Maître d'Hôtel":* Salsa de mantequilla y perejil.
- *A la Jardinera:* Acompañamiento para un plato de carne, compuesto de hierbas y verduras, guisantes, zanahorias, coles de Bruselas, habichuelas, alcachofas, etc.
- *Bisque:* Sopa fuerte de mariscos.
- *Bonne femme:* Salsa amarilla dorada al horno.
- *Brochette o pincho:* Carnes ensartadas y a la brasa.
- *Chantilly:* Crema de leche batida con azúcar.
- *Chateaubriand:* Pedazo de carne de res salteado y con salsa bernesa.
- *Compota:* Fruta cocida.
- *Empanizar:* Pasar alimentos por harina, pan molido y huevo y luego freír.
- *Entrée:* Plato frío o caliente que se sirve después de la sopa.
- *Escabechar:* Marinar en vinagre, aceite y hierbas. En nuestro país lo confunden con empanizar.
- *Filet Mignon:* Pedazo de lomo de res rodeado de tocineta y salteado en mantequilla.
- *Financiera:* Hongos, cebollas o habichuelas verdes salteados.
- *Florentina:* Beefsteak de lomito a la parrilla con aceite.
- *Flambée o flamear:* Echar licor como brandy o ron sobre un plato y prenderlo.
- *Flan:* Verduras y pescados triturados con huevo batido y papa, y puesto al baño de María. Hay un postre de flan.

- *Grillé:* Asado a la parrilla
- *Hors d'oeuvres:* Entremeses.
- *Macedonia:* Picadillo de verduras o frutas.
- *Juliana:* Frutas y verduras cortadas en tiritas.
- *Mariné o marinar:* Adobo con vinagre, hierbas, vino y aceite.
- *Mariposa:* Langostinos empanizados.
- *Meunière:* Pescado (generalmente filetes de lenguado) a la plancha con mantequilla y perejil y servido con rodajas de limón.
- *Mornay:* Salsa blanca cremosa con mucho queso.
- *Mousse:* Literalmente "espuma", manjar pasado por el colador ablandado con otros condimentos.
- *Paillard:* Filete de res muy delgado y a la plancha.
- *Paté:* puré de hígado de ave.
- *Pot-au-feu:* Caldo con pedacitos de verduras (papas, apio, y zanahorias) y pedazos de carne hervida.
- *Pilaf:* Plato de arroz hervido y secado al horno, utilizado generalmente como acompañamiento.
- *Potage:* Sopa francesa.
- *Puré:* Papa o cualquier otra legumbre (fríjoles, habichuelas, habas) pasadas por el prensa puré después de cocidas y condimentadas con mantequilla y sal.
- *Puré "Saint Germain":* Sopa de puré de fríjoles.
- *Ragout:* Estofado a base de carne en trozos, papas, habichuelas u otra legumbre, guisado con tocino y tomate.
- *Salsa holandesa:* Salsa de mantequilla, harina y huevo.
- *Soufflé:* Lo mismo que el flan pero cocido al horno, debiendo quedar más suave y espumoso.
- *Sauté:* Cualquier alimento salteado en mantequilla.
- *Tournedos:* Rodaja de carne cortada de la punta del solomo de res.

Del teléfono

El teléfono es un medio de comunicación rápido y práctico que hay que saber manejar. Tanto el micrófono como el receptor son aparatos muy sensibles. El micrófono está hecho para transmitir el tono normal de la voz, o sea, hay que hablar por teléfono sin levantar el tono de voz y mucho menos gritar. Los gritos distorsionan el sonido.

Es muy importante la dicción. Hay que hablar claro y pausadamente, evitar hablar en murmullos y subiendo o bajando la entonación.

Como el único medio que se usa al telefonear es el sonido, por eso son inútiles los gestos y ademanes al conversar. Una regla de oro dice que al sonar el timbre del teléfono hay que sonreír.

La voz adquiere una tonalidad agradable y acogedora.

Al hacer una llamada piense si es el momento adecuado. En particular no llame a horas de comidas y ni muy temprano en la mañana o muy tarde en la noche.

El timbre del teléfono exige ser contestado, por lo tanto espere el tiempo necesario a la persona en la otra línea para llegar al aparato. Muchas veces el teléfono suena dos o tres veces y cuando se logra contestarlo ya han colgado. Deje que suene cinco o seis veces.

La persona que llama: Debe identificarse inmediatamente, es lo correcto para con la persona que está al otro lado de la línea.

No pregunte de dónde contestan porque seguramente su interlocutor no estará dispuesto a dar ninguna información si no sabe quién llama. ¿Qué nombre se dará? Esto depende de qué tan conocido para el interlocutor sea el nombre de la persona que llama.

Si se llama a un número equivocado dé disculpas. Si le llaman a usted por equivocación responda amablemente. Cuando llame procure marcar el número correctamente.

Nunca pregunte el nombre, para decir a continuación que la persona solicitada no se encuentra.

Cuando utilice un teléfono público, sea breve. Hay otras personas esperando.

Se acostumbran diversas formas de contestar. Las más usuales son: "Aló" - "Diga" - "Oigo" - ¿"Hola"? - "A ver".

Si contesta una empleada de la casa: "Buenos días, habla la señora de Flórez" - "¿El señor Pérez está?" - Si contesta un niño "Habla la señora de Flórez - ¿tú mamá está?"

A propósito de niños, es bueno instruirlos para que jamás cuando estén solos y contesten una llamada de alguien que no conocen digan "Mis padres no están" o "ya se fueron". Esto puede ser peligroso para la seguridad de ellos.

En hogares donde hay adolescentes lo mejor es establecer un horario para que ellos se comuniquen con sus compañeros de estudio cuando tienen que consultar tareas o intercambiar ideas. Se debe explicarles que el teléfono es para el uso de toda la familia y que a veces una llamada urgente se pierde por estar ocupado el teléfono por mucho rato.

No permita que niños muy pequeños contesten el teléfono por gracioso que esto parezca. A veces se ponen a jugar con el aparato y por su corta edad no son capaces de transmitir una razón.

Es bueno enseñar a las personas del servicio doméstico cómo deben contestar el teléfono y advertirles que no deben dar su nombre a menos que la persona que llama lo solicite. Ejemplo: "Residencia de la familia Gómez".

Facilite a la empleada del servicio una libreta y lápiz para que apunte las llamadas recibidas durante su ausencia.

La etiqueta del teléfono insiste en que la persona que llama debe ser directa al iniciar una conversación y no tratar de que la persona a quien se está llamando adivine o reconozca su voz.

Recuerde que el teléfono no es el medio apropiado para confidencias, críticas acerbas o para esparcir rumores no confirmados que puedan turbar la paz pública. Es muy posible que las líneas se crucen y otra persona esté escuchando.

La persona que llamó es la que debe volver a llamar si por cualquier causa se interrumpe la conversación.

Si se desea sostener una conversación más o menos larga es cortesía preguntar al interlocutor si en ese momento dispone del tiempo.

Cuando se ocupa el servicio de la compañía de teléfonos hay que ser amables y corteses. Hay que considerar que estas personas reciben toda clase de llamadas, a veces son tratadas despóticamente y tienen jornadas agotadoras.

Una persona de visita que recibe una llamada en casa ajena debe dar excusas para atender la llamada. Quien conteste en la casa debe abstenerse de preguntar quién llama, más bien decir: "Permítame un momento ya se lo paso" – Si esta persona de visita necesita hacer una llamada telefónica debe pedir permiso para usarlo.

Si la persona solicitada no está disponible no conteste "No está" y cuelgue bruscamente. Explique y pregunte si desea dejar algún recado.

Si el teléfono tiene extensión no levantar los auriculares de éste a sabiendas, ni menos escuchar las conversaciones de otras personas.

Con las llamadas anónimas o de mal gusto lo mejor es colgar inmediatamente sin dar la satisfacción al ocioso de que ha sido escuchado. Si insiste es mejor avisar a la compañía telefónica para que rastree la llamada y aplique las sanciones del caso.

Quien hizo la llamada debe despedirse y no la persona a quien se llamó. Si la llamada se prolonga el interlocutor está en su derecho de rogar a la persona que llamó que le perdone tener que cortar la conversación y prometa volver a llamar.

Para las llamadas de larga distancia es recomendable preparar un memorando sobre lo que se va a tratar. Un huésped de una casa procura no hacer llamadas de este tipo y en caso de tener que hacerlas debe notificar a los dueños de casa que está dispuesto a pagarlas. Es correcto que los dueños de casa acepten esta propuesta.

Terminada una conversación, al colgar el auricular deposítelo suavemente. Un gesto brusco producirá un ruido que repercutirá fuertemente al oído de la persona que ha llamado. Además el teléfono es un aparato delicado.

Del conductor

Un buen conductor al volante de su vehículo, no se pondrá de mal humor porque alguien le dificulta su camino. Se abstendrá de insultar al peatón o al conductor de otro vehículo, y no tratará de vengarse echándole encima su carro.

Cuando llueve procurará pasar con cuidado por los charcos para no salpicar a los peatones y dañarles la ropa.

Si al tratar de estacionarse choca su vehículo con el del vecino y éste no está, lo correcto es dejar una nota en el parabrisas dando excusas y anotando su dirección para hacerse responsable de los daños causados.

Es conveniente tratar de arrancar con suavidad el vehículo, no cerrar las puertas de golpe, ni hacer chirriar las ruedas al salir.

En la carretera, no tratar de adelantarse a todos los vehículos, ni deslumbrar a nadie con la potencia de los faros. Si nos encontramos con alguien que no baja las luces a pesar de nuestras señales, tratará de adelantarse despacio para pasarle o simplemente procurará orillarse y frenará su vehículo.

En caso de encontrarse con un accidente, trate de ayudar, siempre y cuando no ponga en peligro su seguridad o la de sus acompañantes. Debe avisar a la policía.

No olvidar que la prudencia es tan indispensable al salir a la calle como el abrigo cuando hace frío. Conducir a altas velocidades impide reaccionar ante lo imprevisto con la debida cordura. Como dicen los italianos "qui va piano, va lontano". Quien anda despacio, llega lejos.

Del cigarrillo

Debido a la campaña mundial que se viene haciendo para ilustrar a la gente sobre los graves daños que produce en el organismo el hábito de fumar, ya que hoy sabemos el humo del cigarrillo es nocivo aun para las personas alrededor del fumador, ha disminuido notablemente el número de fumadores.

Existe una etiqueta del cigarrillo. Ahora es más estricta.

A principios de siglo a los caballeros no se les permitía fumar ante una dama. Luego llegó el auge de este hábito y hombres y mujeres desde casi la adolescencia empezaron a fumar. Hay avisos que prohíben fumar, los encontramos en los hospitales, en los baños de los aviones en vuelo, en las escuelas, etc.

La etiqueta del cigarrillo exige:

Pregunte o pida permiso para fumar antes de encender un cigarrillo.

La precedencia es la misma que en otros casos. El caballero debe encender el cigarrillo a la dama, el joven al de más edad y el inferior al superior.

No frote una cerilla cerca a la cara de alguien. La cabeza del fósforo puede desprenderse y causar una quemadura dolorosa.

Nunca presione un cigarrillo para apagarlo contra un objeto que no sea un cenicero. Cigarrillos apagados contra las bases de las lámparas o pequeños adornos los arruinan. No echarlos en las materas con plantas y mucho menos encendidos.

No tire cigarrillos encendidos a una chimenea a menos que ésta ya esté prendida. Si el fuego está apagado se puede levantar una llama o permanecer ese cigarrillo prendido con su filtro a la vista; esto da una impresión de desaliño.

Si usted tira un cigarrillo prendido a través de una ventana puede caerle al transeúnte desprevenido y causarle quemaduras.

No encender un cigarrillo sin antes cerciorarse de tener un cenicero cerca, ni tirar colillas al suelo o dejarlas humeantes en el cenicero.

En la sala de espera de un consultorio o de una oficina si no hay ceniceros aguarde hasta que su visita haya terminado y váyase a encenderlo a otro lado.

Nunca fume cerca a un bebé. Una mujer debe sacrificar este hábito durante el embarazo. Está comprobado que es nocivo para el niño.

Hay recintos cerrados donde no se debe fumar; en el ascensor, dentro de un automóvil con aire acondicionado. Sin embargo se puede pedir permiso a los demás ocupantes para encenderlo, abriendo una ventanilla.

No es correcto hablar con el cigarrillo en la boca ni echar el humo a la cara a su interlocutor. Si usted es víctima de este fumador descuidado está en todo su derecho al pedirle "Por favor dirija el humo de su cigarrillo hacia otro lado. Me está molestando. Gracias".

Cuando usted quiera fumar y está en compañía de alguien, ofrezca.

Si el fumador lleva sus propios cigarrillos es correcto que responda: "gracias, tengo los míos".

Recuerde que por razones de seguridad es prohibido fumar en los baños de los aviones. En éstos hay secciones para fumadores y deben respetar los avisos que al encenderse dicen "No fumar porque el avión está decolando o aterrizando". Si su asiento no está en la sección de los fumadores debe levantarse y solicitar a la azafata dónde puede prender un cigarrillo.

Cuando en un restaurante hay lámparas de centro encendidas, el fumador puede tomar de allí el fuego para prender su cigarrillo sin necesidad de quitarle la caperuza. El intenso calor hará las veces de un fósforo.

En una comida sentados a la mesa es corriente colocar pequeños ceniceros, los cuales serán usados por los comensales sólo al final de la comida y si la anfitriona ofrece el café allí. Es más agradable que el anfitrión invite a pasar a otro salón para tomar el café y fumar.

Las velas encendidas en una mesa absorben el humo del cigarrillo.

Este es un detalle que emplea toda buena anfitriona para evitar que el comedor se llene de humo.

En una comida formal no es correcto prender el cigarrillo de la vela encendida de un candelabro sobre la mesa.

La pipa es el vicio de la soledad y el silencio. No fumarla en público sino cuando se tiene experiencia en mantenerla encendida.

Si usted es fumador de pipa no sacuda las cenizas en un cenicero de cristal muy fino, trate de buscar uno más sólido, preferiblemente de metal.

Los fumadores de cigarros, debido a que a muchas personas les disgusta su olor, deben ser muy delicados. No deje la colilla en los ceniceros. Esta huele mal y es desagradable a la vista.

Trate de deshacerse de ella en una chimenea prendida o pídale a alguien que se lleve el cenicero para limpiarlo.

En los recintos cerrados en clima frío o en los climas cálidos donde hay aire acondicionado, el olor del cigarro persiste y molesta. Guarde las ganas de fumar para la intimidad de su hogar.

Los cigarros o puros se encienden con un fósforo de madera, nunca con la colilla de otro.

No es correcto fumar en la habitación donde hay un enfermo y recuerde que en las clínicas está prohibido.

LA ETIQUETA EN LA MODA

Por la situación geográfica de nuestros países no hay cuatro estaciones: Otoño, invierno, primavera y verano. Existen en cambio climas, usos y costumbres permanentes y típicos de cada región. Estudiándolos dominaremos no solamente la etiqueta local en cuanto a comportamiento, sino también la seguridad de estar siempre bien vestido de acuerdo con la ocasión y el lugar.

El buen gusto orienta el vestuario que se debe llevar, ropa, zapatos, abrigo, cartera.

Es muy importante el buen estado de todo lo que se lleva puesto en cuanto a limpieza y orden.

Para tener un guardarropa completo sólo es necesario adquirir cada prenda reflexionando si complementa lo que ya se tiene o si verdaderamente le sacaremos provecho.

Hay prendas como un vestido de gala de mujer, el sacoleva o el frac para el hombre, que se usan muy pocas veces en la vida de la mayoría de las personas. Por lo tanto es mejor no hacer el gasto sino en el momento en que se necesitará.

Hablaremos de vestidos para la mañana, vestidos sport, de calle, de coctel, de noche y de gala, y sus accesorios, tanto para la mujer como para el hombre.

Hay que tener en cuenta en qué clase de actividad se desenvuelve una mujer o un hombre que quiere siempre estar de acuerdo con la ocasión.

Trataremos de describir de una manera general la ropa que usa tanto el hombre como la mujer en las distintas regiones del país.

Para mayor claridad llamaremos ropa de "tierra caliente" la que se usa en nuestros climas cálidos, o sea la ropa de verano; y ropa de "clima frío" la que se usa en nuestras ciudades de clima templado o frío.

Vestuario de la mujer

Tierra caliente

La indumentaria de la mujer en "tierra caliente" puede considerarse como la ropa de verano que usa cualquier mujer en el mundo en dicha estación. Sin embargo hay matices que se aprecian si es una ciudad grande o pequeña o si es un sitio exclusivo para veraneo.

De día para ir de compras se pone un vestido camisero, o falda, pantalones o blue-jeans con una blusa fresca en cualquier color. Zapatos cómodos y un bolso sport.

Si es una turista en plan de visitar pueblos interesantes, sitios de devoción o peregrinación como catedrales, conventos, monumentos históricos, jardines botánicos o zoológicos, no olvide que los pies hay que cuidarlos ante todo con un zapato cómodo.El cansancio es el peor enemigo del turista, y no hay peor cansancio que el de museo.

Shorts, bermudas, blue-jeans, pantalones de algodón, lino o cualquier otra tela liviana deben formar parte de su guardarropa.

En la mayoría de nuestras ciudades de clima cálido no es bien visto una mujer en shorts por el centro. Esta indumentaria queda bien para usar en las playas o en las calles aledañas a los lugares de recreo. Toda veraneante debe pensar si en su tierra se iría en vestido de baño a otro lugar distinto de una piscina o una playa.

De día:

Si la invitan a almorzar a un restaurante puede llevar su más bonito conjunto de lino, algodón, dacrón u otras telas livianas, estampadas o de un solo color. Puede o no usar adornos como flores o cintas en la cabeza si están de moda.

Zapatos en colores o blancos, y si es costumbre local, medias largas. Cartera a tono con los zapatos.

De tarde:

Para ir a comer ya sea a un lugar público o privado prevalece un vestido de seda, *shantung*, de tejidos finos, estampados o de un solo color y zapatos beige, negros de charol, sandalias de moda y medias largas. Cartera no muy grande a tono con los zapatos y accesorios como collares, aretes, pulseras, etc.

De noche:

Los vestidos de coctel en telas brillantes o ricas en bordados o aplicaciones, son perfectos para reuniones o fiestas numerosas, para ir a una discoteca, a un club, a un salón de fiestas en un hotel o a cualquier recepción oficial o privada a la cual tenga que asistir. Joyas o accesorios de fantasía según la moda. Los zapatos y la pequeña cartera de coctel también son muy indicados para esta ocasión.

Para ir a la iglesia, a un cine o a un establecimiento de comida rápida, usará el mismo atuendo que para irse por el día de compras. No hay que pensar que el vestido de seda o de coctel que ya nos han visto varias veces puede pasar al vestuario de diario.

El vestido blanco en cualquier tela o diseño es siempre bien recibido en clima caliente. Los colores vivos y las telas livianas son perfectos para estos climas. No así los zapatos blancos, los cuales se usan durante el día, de todos los materiales, en estilos tenis, zapatos bajos, en cuero, sandalias y de tacón alto. Para la noche unas sandalias de tacón alto muy elegantes y si el color del vestido lo permite.

En el guardarropa de una turista no están de más unos zapatos de charol y tacón y su cartera compañera para invitaciones de tarde o de noche.

Una mujer elegante tiene el sexto sentido de saber adaptar la moda a su tipo, personalidad y edad. Sólo ella puede juzgar si usa descotes o vestidos muy lanzados en cuanto el largo o el corto de la falda o colores y estilos.

Para viajar

La indumentaria ideal es la comodidad relacionada con el sitio adonde se va a llegar. Por ejemplo si va en avión hacia tierra caliente es mejor pensar en falda, pantalones o blue-jeans y una blusa o un sastre de tela liviana o blazer azul oscuro y falda de lanilla blanca y blusa de seda ligera. Si el viaje es largo y al extranjero esta misma ropa cómoda, pero de telas que no se arruguen ni pesen mucho.

Cuando se viaja en bus o carro y el trayecto es largo usar algo muy liviano y encima un abrigo o una ruana o un saco que pueda poner aparte apenas llega a un clima más cálido.

Un viaje por mar en verano requiere la misma vestimenta que para una ciudad de tierra caliente, añadiendo uno o dos vestidos de coctel. Si es un crucero, un vestido largo o una falda larga con una blusa elegante.

Consultar el programa por si se quiere lucir un disfraz la noche de la cena del capitán. Para los deportes en el buque, ropa deportiva de verano y el vestido de baño ojalá con salida de baño compañera. Pañoletas y gorras deportivas son muy útiles para los paseos por cubierta. Para bajar a tierra una indumentaria de verano como para ir de compras y zapatos cómodos.

Si el viaje por mar es hacia el norte o en época de otoño o invierno hay que pensar en un abrigo ligero, un vestido de lana, bufandas, guantes y gorros tejidos.

Ropa para clima frío:

Hace unos años para salir a la calle en una ciudad de clima templado o frío la ropa de la mujer debía ser oscura, ya fuera un abrigo o sastre; jamás pantalones, zapatos y cartera oscuros.

Estas costumbres han ido cambiando con el tiempo y con la moda.

Hoy se pueden llevar telas más livianas, colores vivos o claros, pantalones si están de moda. Un vestuario es escogido de acuerdo con el tipo de actividad que se lleve.

El vestuario de una mujer elegante y práctica en nuestras ciudades de días templados y noches frías es muy similar a la ropa que se lleva en el otoño o en la primavera en cualquier parte del mundo.

Para ir de compras o a almorzar a algún restaurante o a sitios dentro de la ciudad, se usa un sastre tejido o en lana o paño liviano, de cualquier color. El camisero de manga larga nunca pasa de moda, los accesorios muy sencillos y zapatos y cartera pueden ser desde el beige hasta el negro. Indispensables las medias largas y entre la gente joven las de fantasía que estén de moda.

Si va invitada a un club privado o a un restaurante muy elegante o concurrido puede acentuar su elegancia con accesorios más elaborados. Los collares y el sastre clásico Chanel no pasan de moda.

Para un coctel de negocios una ejecutiva asiste con la misma ropa que ha usado en la oficina, pero cuya escogencia ha tenido que ver con la invitación. Lleva un sastre oscuro y una blusa no muy sport.

Si el coctel es una recepción en un hotel de categoría, en un club, en una embajada, en una casa privada, el vestido ideal es el negro, el sastre negro de faya o terciopelo, pero también se pueden llevar los mismos trajes de coctel que se usan a esta hora en cualquier parte, en seda, brocado y otras telas suntuosas.

Las estolas, capas y abrigos de pieles se usan para grandes recepciones oficiales, diplomáticas y de matrimonio, y quien las posea puede ponérselas sin temor a verse demasiado recargada.

Pieles:

La campaña mundial para salvar de su extinción a muchas especies de la fauna salvaje, nos lleva a considerar que antes de comprar o enriquecer un abrigo con una piel, no contribuyamos a dicha extinción. Animales de criadero como el visón, la chinchilla, la marta cibelina, el armiño ruso, el astracán, el zorro y el cuero vacuno, no corren peligro de acabarse; en cambio el tigre de bengala, el ocelote, el leopardo, la foca, el opossum, la nutria y la serpiente corren peligro de desaparecer y contribuir al desequilibrio ambiental de la tierra.

Accesorios y joyas:

Para una función de teatro o inauguración de una galería, es correcto ir con ropa muy informal; pero si una dama forma parte de

Las joyas femeninas deben ser siempre elegantes pero discretas. He aquí algunos ejemplos. Arriba, sobrio juego de pulseras y anillos en oro, chispas diamante y zafiros como piedras principales. A la derecha, fino collar de perlas con incrustaciones en diamante y rematado por una sola esmeralda. juego de gargantilla, aretes y anillos muy apropiado para una novia. Las joyas de matrimonio deben ser aún más discretas que las usuales, ojalá sólo en diamantes.

un grupo que tiene después una recepción es correcto ir más elegante y de acuerdo con sus compañeras.

Estas son el tipo de reunión en que a veces vemos atuendos exóticos o "lanzados" que naturalmente aconsejamos a la mujer que sepa llevarlos. Capas, accesorios extravagantes y hasta sombreros increíbles para admiración de la concurrencia.

El vestido de gala o de noche para grandes recepciones oficiales, diplomáticas, bailes de fin de año o de presentación es el mismo para todas estas ocasiones. Telas suntuosas como terciopelo, faya, brocado, tafetán, satín, moiré, lamé, telas trabajadas en lentejuelas, canutillos, cuentas de cristal, gasas y tules de seda, sedas naturales o encajes. Joyas, guantes largos si están de moda en cabritilla blancos o de acuerdo con el vestido.

El largo también lo dicta la moda. Zapatos dorados, plateados, gamuza negra cerrados o tipo sandalias de tacón y pequeño bolso de noche.

Abrigos no muy pesados, capas, chales y sacos de fantasía, se llevan para reuniones que se prolongan hasta muy tarde en la noche. La gente joven casi ha abolido por completo todo abrigo convencional.

Queda por cuenta de la moda y el criterio de la mujer el uso de guantes, sombreros, adornos de cabeza, gorras, boinas, etc.

La etiqueta dice que una mujer puede saludar con los guantes puestos. Los guantes largos no se los quita durante una recepción.

No usa vestidos sin mangas sino cuando tiene brazos bonitos o la edad adecuada. Los pañuelos de cabeza sólo son necesarios para proteger el cabello del viento o el polvo.

Zapatos sport con ropa sport. Tacones alto para lucirlos, no para caminatas.

Recuerde que los accesorios tienen tanta importancia como el vestido y que para ser elegantes no hace falta mucho dinero sino buen gusto.

Un collar de perlas, un alfiler antiguo, un anillo hecho por un buen orfebre, son joyas que siempre lucen bien. Es mejor llevar uno de estas joyas que cuatro o seis accesorios de poco valor.

Vestuario del hombre

Pensar en el vestuario de un hombre se relaciona con Inglaterra.

Desde los tiempos de Lord Byron o George Bryan Brummell, desde allí se dicta la moda clásica, es decir, la base fundamental del buen vestir. Los ingleses son muy conservadores con la moda masculina. Prefieren un vestido hecho a la medida por determinado sastre y de la calle de Saville Row. Los paños ingleses por su excelente calidad son muy solicitados.

Un hombre con sentido del buen vestir, sin que por ello vaya a gastarse una fortuna en su guardarropa, debe tener en cuenta que un vestido completo puede durarle muchos años y por lo tanto debe ser muy cuidadoso en su elección y gastar un poco más.

Lo mejor es comprar vestidos en colores grises o azules oscuros, dentro de varios matices. Sirven para la ciudad, el trabajo en oficinas y en climas templados y fríos en nuestro país. Ropa masculina que se lleva en el mundo entero en otoño e invierno es la misma para estos climas entre nosotros. Verano y trópico para la tierra caliente.

De día en tierra templada o fría es correcto llevar un vestido completo en gris, marrón o azul oscuro. Sacos spott combinados con pantalones que contrasten pero dentro de la misma tonalidad del saco quedan muy bien. Chaquetas como las de tipo cazadoras, o el blazer azul marino, son prendas para llevar también de día.

Telas. En paño, franela o "flanel", tejidos sintéticos gruesos, a rayas muy discretas o a cuadros también, ojalá no muy grandes. El corte del saco puede ser sencillo o cruzado según la figura de su dueño y el ancho de la bota del pantalón, así como el borde del mismo, con o sin vuelta, son dictados por la moda.

La camisa. De algodón, dacrón y otras telas lavables. Pueden ser blancas, en colores claros, a rayas, a cuadros pequeños, cuello duro pero sport; corbata a tono o en contraste con el vestido y el pañuelo en el bolsillo izquierdo puede ser blanco o a tono con la corbata.

Medias y zapatos. Color oscuro. Son más clásicos los zapatos de bordones, pero más cómodos y preferidos por la gente joven el estilo mocasín o sin cordones. El sombrero se usa muy poco.

Para un coctel, una comida o reunión social en un restaurante o en cualquier otro sitio, el vestido debe ser oscuro, la camisa blanca, la corbata de tono más intenso, medias oscuras y zapatos negros.

El sacoleva es un vestido de etiqueta y para usar de día en ceremonias solemnes. Lo llevan: el presidente de la República, los ministros del despacho, diplomáticos y el novio y sus padrinos. Consta de una larga chaqueta negra con faldones redondos, pantalones a rayas grises sin vuelta y chaleco negro o gris, zapatos negros lisos de suela delgada. Camisa blanca almidonada con cuello y puños duros de mancornas y corbata de seda gris.

En las ceremonias oficiales es opcional el sombrero de copa y bastón.

De etiqueta y gran ceremonia

Para un coctel tarde y numeroso, una comida formal o de etiqueta un caballero usa smoking.

Este está confeccionado en un paño negro más liviano o en seda natural. Saco y pantalón negro. Los pantalones no tienen vuelta y en la costura externa llevan un galón de seda negra. El saco lleva las solapas en seda o satín negro.

Camisa blanca con o sin alforzas, botonadura de oro o perlas y mancornas que hagan juego o simplemente de botones.

Corbatín negro y cuello duro o de pajarita según la moda. La gente joven usa el corbatín en distintos colores.

Banda de alforzas en satín negro a la altura de la cintura hacia arriba, la cual también para la juventud puede ser en otro color.

Zapatos negros lisos de cordón y de charol.

Medias negras de seda que deben llegar hasta la mitad de la pantorrilla para que no se vea la piel entre la media y el pantalón.

Una modalidad para el trópico o verano es el saco blanco en paño o seda ligeros con solapas blancas y corbatín negro. El resto del atuendo igual al anterior.

El Frac. Es el traje más elegante del hombre y sugiere que el caballero que lo usa sabe de etiqueta. Se dice que su origen viene de los uniformes militares cuando los faldones fueron doblados y abotonados en la parte de atrás. Hasta mediados del siglo XIX era un traje de calle, pero ya hace más de cien años que representa a un caballero elegante en una ceremonia festiva o solemne.

Consta de un saco corto por delante con solapas en seda o en satín y cola larga por detrás. El largo de éstas lo dicta la moda.

Camisa blanca de pechera de piqué almidonado, cuello de pajarita, puños almidonados de mancorna y corbatín blanco también de piqué y de lazo anudado. El chaleco blanco del frac también es en piqué y con botones de nácar. Se usa el frac en el momento de lucir las condecoraciones y medallas militares o del Gobierno, que se hayan recibido.

Sugerencias

El sentido práctico y el poco tiempo de que a veces se dispone para engalanarse sugiere que si un caballero no es hábil para hacerse el nudo del corbatín use éste ya listo y anudado.

Las mejores corbatas son sin duda las de lana y las de seda. El ancho y el largo dependen de la moda y la corbata blanca es casi exclusiva para el frac.

Un traje de caballero bien cepillado, bien planchado y con sus formas y líneas bien marcadas, da seguridad a quien lo lleva, lo

El clásico vestido de novia nunca pasará de moda. Presentamos el diseño más tradicional, que muchas veces pasa de generación en generación, a pesar de las fantasías que a veces tratan de imponerse.

mismo que la nitidez de las otras prendas en cuanto a botones, dobladillos o puños gastados.

El saco: Debe ser lo suficientemente largo para que cubra el asiento del pantalón. No olvidar apuntárselo cuando asiste a una reunión o cuando va a formar parte de un grupo en una foto de ejecutivos.

El dobladillo del pantalón debe montar ligeramente sobre el zapato.

Vestidos de hombre con dibujos como espigas, diagonales, rayas, ojo de perdiz, etcétera, deben llevarse con camisa blanca o de un solo color.

Las camisas blancas hacen juego con todos los vestidos. Las azules claros y grises con vestidos azules o grises. Las color beige con vestidos marrones y sus matices.

Las camisas a rayas grises, azules y rojas, van con vestidos grises y azules, y harán juego con corbatas de un solo tono, acordes con estos colores. Las camisas beige hacen juego con una corbata café-roja o azul intenso. Camisa gris se usa con corbata roja, rojiza o azul.

La moda actual ha inventado gran variedad para las camisas, además de las sport o deportivas. Para gente joven o informal hay camisas y camisetas en tejidos diversos; para los muy jóvenes, estampadas con letreros y marcas conocidas.

El cuello de la camisa de hombre tiene mucha importancia en el aspecto general. Las puntas demasiado largas o cortas no sientan bien y hay que saber que el cuello debe tener centímetro y medio de espacio suplementario para que la corbata siente bien.

El nudo de la corbata es muy importante y recuerde que para que no se afloje debe ser enrollado tres veces.

Las mancornas se deben ver pero no más de dos centímetros del final de la manga. Durante el día deben ser sencillas. Para la noche pueden ser más vistosas o valiosas, pero siempre dentro de la discreción.

Los zapatos de charol sólo deben llevarse con el frac y el smoking. El zapato negro, de cuero y liso, siempre va bien y combinan perfectamente con vestidos grises, azules y negros.

En nuestro país se usan ya poco los guantes. Sólo los que practican ciertos deportes. Los guantes de piel de cerdo amarilla, gamuza o lana son deportivos. Sin embargo, para un viajero es importante saber que es una prenda de invierno. Por la noche en estos climas se usarán de piel gris. No olvidar que para saludar hay que quitarse el guante de la mano derecha.

Otras notas

El bastón y el paraguas han casi desaparecido. Un paraguas negro de seda y buena marca es necesario para un día de lluvia. El bastón sólo ha quedado como punto de apoyo.

Evite rellenar sus bolsillos con billetera, llaveros, dinero y otros objetos que deforman los bolsillos. Es mejor llevar un portafolios o maletín.

Los pañuelos de colores, en seda o lana, de color unido o estampados son muy apropiados para usar de día. El pañuelo blanco es siempre correcto y el único que se debe lucir de noche.

La antigua costumbre de sólo unas gotas de agua de Colonia en el pañuelo ha sido reemplazada por una infinidad de perfumes varoniles a veces muy costosos. Cada hombre es libre de elegir su perfume.

Joyas y accesorios

La etiqueta masculina sigue siendo muy estricta en cuanto al uso de joyas en la mano de un caballero.

El anillo de matrimonio en oro u oro blanco, el de sello, escudo de familia o de grado en una piedra lisa enmarcada en oro puede ser llevado por un caballero elegante.

Un buen reloj es la aspiración de todo hombre y a medida que su posición económica se lo permite busca lo mejor y lo más caro.

Sin embargo un término medio de estas apreciaciones es lo ideal.

El uso de medallas, condecoraciones o emblemas de asociaciones sigue las reglas oficiales de Protocolo o de la asociación respectiva.

Un vestido a la medida, hecho por un buen sastre, es la mejor adquisición e inversión que puede hacer un hombre. Cuesta más pero lo hace lucir bien y dura varios años.

Para viajar en avión un hombre puede escoger una indumentaria deportiva. Sin embargo, los ejecutivos, cuando tienen un programa muy apretado, van listos, de vestido completo y portafolios.

El programa en los viajes por mar y cruceros indica al caballero qué debe llevar en su maleta. Puede ser uno o más conjuntos sport, un vestido completo oscuro, smoking, zapatos de vestir y sport, vestido de baño, un abrigo ligero si va hacia climas fríos, gorras o boinas para pasear por cubierta, etcétera.

La vestimenta para un viaje en yate, lancha o velero, es informal y cómoda. Shorts, bermudas, camisa sport, vestidos de baño, zapatos de suela especial para no resbalar, gorras tipo marinero o sport y todo aquello que la moda sugiere en el momento.

III-El arte de la mesa

Los ancestros

En el hogar, la mesa es el centro familiar. Desde el principio de la historia el hombre ha deseado tener un hogar, un sitio especial para compartir con la mujer amada y sus hijos. Es alrededor de la mesa donde se enseñan principios de etiqueta, buenos modales y comportamiento y es por esto que se da tanta importancia a la mesa.

El arte de poner esta mesa todos los días, y también en esos días especiales, es privilegio de la dueña de casa; de aquella mujer que pone todo su empeño, su sensibilidad y buen gusto en expresar el cariño por su familia, no solamente con unos alimentos bien sazonados, sino en poner la mesa con esmero.

Luego vienen los invitados: los amigos con quienes deseamos compartir nuestras alegrías. Otra vez ella, la dueña de casa, quiere lucir sus dotes de anfitriona, de persona que domina la etiqueta, y en esto vamos a ayudarla para que todo ese mundo fabuloso de porcelanas, vajillas, mantelería, cristales y cubiertos pueda proceder con seguridad. Que este libro le indique los pasos a seguir para poner la mesa ya sea para un sencillo desayuno familiar o para la mesa de un banquete.

Desde tiempos remotos el hombre fabricó y aprendió a usar ciertos utensilios, ancestros de los platos y cubiertos de hoy. En los descubrimientos arqueológicos se han encontrado toda clase de pinzas de oro y plata para llevárselas a la boca, así como platos decorados de arcilla, plomo, faenza, madera y la famosa porcelana china que vino desde lejos a enseñarnos cómo darle un digno recipiente a los alimentos.

Más tarde la humanidad, enredada en sus luchas entre sí, fue perdiendo estos refinamientos. Un burdo cuchillo para cortar trozos de carne que se comían a dentelladas y una escudilla de madera o barro cocido de donde se sorbían sopas y caldos, se usaron por mucho tiempo.

La cuchara hace su aparición en la Edad Media, en forma de una especie de paleta cóncava. Y es sólo hasta tiempos de la corte de Luis XV cuando, por capricho de una dama favorita del rey, aparece el trinche, y luego el tenedor de cuatro dientes.

Vestir aquellos grandes mesones con manteles resistentes aunque no muy limpios, empieza a preocupar a mesoneros y a dueños de castillos y palacios. Los utensilios que se empleaban para comer, ancestros de los cubiertos de hoy, eran artesanalmente confeccionados.

Mantelería

Antes de poner un mantel, es conveniente proteger la mesa con un protector, tela afelpada o acolchada que cubre toda su superficie y cae más de diez centímetros por los lados.

También se emplean protectores de un material más duro; cartón o plástico, forrado por un lado con tela suave pero afelpada y del otro con algún material plástico siguiendo la forma de la mesa para que no deje pasar la humedad. El objeto de este protector es atenuar los ruidos del servicio de platos y cubiertos y también, como su nombre lo indica, proteger la mesa de los efectos de platos o artefactos calientes o húmedos.

El mantel de damasco blanco viste mucho una mesa. Es una tela de muy buena calidad y sirve para toda ocasión. Su precio es elevado si es legítimo.

Enumeraremos varias de las telas más conocidas y usadas para manteles como el algodón, el lino, el olán de lino, batista o los encajes. Estos pueden ser blancos o de colores, lisos o estampados, sencillos o bordados y calados.

Comencemos por clasificar sus funciones. Hay manteles de diario, de té, para almuerzos, comidas y cenas. También los hay para ocasiones especiales como para un bautizo o para una cena de Navidad.

Para la hora del té, hay manteles cuadrados para mesa de cuatro personas. Y un poco rectangulares para seis, ocho, diez o doce personas. Todos vienen con sus servilletas, las cuales son un poco más pequeñas que las corrientes, y deben hacer juego con el color y el bordado del mantel.

Para almuerzos son permitidos los manteles de colores, o bordados en colores.

Para las comidas y cenas es mejor poner el clásico mantel blanco, el cual debe caer 30 cm por los lados de la mesa.

Existe una gran variedad de manteles de gran finura que se identifican casi siempre por el nombre del sitio donde han sido confeccionados, como por ejemplo: de encaje de Bruselas, de Brujas, de encaje de Venecia, manteles italianos de organdí bordado, o simplemente de hilo, de batista, o de organdí suizo. Las marcas o iniciales bordadas en los manteles son permitidas.

Los manteles de tres yardas son para doce puestos y los manteles de dos yardas y media para seis y ocho puestos.

Un mantel no debe presentarse con muchos dobleces. Solamente se permite el del centro. Es mejor planchar el mantel con anticipación, el día que se va a usar.

Los manteles plásticos son muy prácticos, pero sólo deben usarse en la intimidad. Jamás ante invitados.

Los manteles de damasco o hilo deben cuidarse. Lavarlos en agua jabonosa y plancharlos húmedos por el revés, y cuando estén casi secos, por el derecho. Ponerlos al sol enjabonados los blanquea. La antigua costumbre de ponerle "azul" al agua donde se lavan los manteles, los deja blancos azulosos.

Estos manteles de damasco vienen generalmente en dos diseños: a listas a lo largo y ancho, algunas más brillantes (como satinadas) o en dibujos en flores del mismo color del mantel. Estos

Formas de doblar y colocar la servilleta

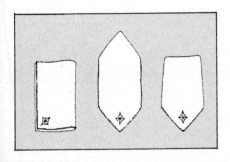

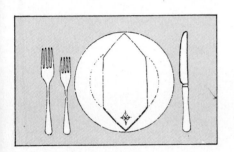

1. Colocándola sobre el plato

2. Colocándola a la izquierda del plato

dibujos resaltan porque tienen brillo. El mantel de damasco es de textura muy rica y va muy bien con vajillas de estilo.

Los manteles de encaje se ven mucho mejor con una tela debajo como fondo contrastante con su color. Para lavarlos es mejor encomendárselos a una persona especializada.

Los manteles de lino de color se deben secar a la sombra o en la secadora. El sol los decolora. No usar detergentes.

Una rica tela de brocado o de moiré dará un toque inesperado de buen gusto a una mesa bien puesta.

Individuales

Esta es una manera práctica y moderna de vestir una mesa. Pueden ser cuadrados, redondos o rectangulares. Los hay de plástico, de telas finas, de encajes, de paja y hasta de concha de nácar. Otra de las ventajas de los individuales es que cuando se poseen doce y solo se usan seis, quedan los otros de reserva. Es conveniente poner debajo de cada uno un protector de su tamaño.

Servilletas

Las hay de tres tamaños: de comida, de té y de coctel. Deben presentarse dobladas como un pañuelo, o sea en cuatro y luego en dos, para que queden rectangulares. La moda de presentarlas en forma de flor, o de cartucho es novedosa pero no muy elegante: aceptable en restaurantes pero no en el hogar.

En una mesa bien puesta, la servilleta tiene dos lugares de opción: a la izquierda antes de los tenedores o encima del plato llano o pando, cuando aún no hay nada servido, como un plato de sopa o una copa de coctel de frutas o de mariscos.

Las servilletas de papel también son para el uso diario y son muy útiles cuando hay niños, pero no se aconsejan cuando se tienen invitados. Es preferible tener una docena de servilletas blancas de una tela fina como algodón o lino para usar en estos casos con el mantel que se tenga, aunque no haga juego.

Las servilletas se suelen marcar encima del bordado, en una esquina de la misma.

Cubiertos

Los cubiertos aparecieron por primera vez en el servicio de la mesa en el Mediterráneo. Se sabe que los egipcios utilizaban palillos de bambú o de metales como el oro; luego los romanos y más tarde los anglosajones introdujeron la cuchara.

En la Edad Media se comía con los dedos y solamente se empleaba algo cortante para partir grandes trozos de carne de cacería.

Casi no conocían los vegetales o las verduras. La introducción de la papa de América vino a complementar la dieta de los europeos.

En 1335 Eduardo I de Inglaterra impuso las primeras leyes de aleación de metales para fabricar cubiertos para el uso doméstico. Los orfebres debían inscribirse en la Corte. Usarían 900 gr de plata por cada 100 gr de cualquier otro metal para darle maleabilidad a la plata. Por esto es que se dice plata de 900 o de 925.

Hasta los años veinte la hoja del cuchillo debía ser de acero para que conservara el filo, pero tenía el inconveniente que se manchaba con facilidad, con vinagre o con algunas frutas como el plátano. Ahora los cuchillos traen ya las hojas tratadas con un procedimiento especial que las protege de este percance. En estas manchas se conoce la antigüedad de un juego de cubiertos.

Los cubiertos indispensables para una mesa de doce puestos son:

— Cuchillo grande o de comida.
— Cuchillo de pescado.
— Cuchillo de fruta.
— Pala de mantequilla.
— Tenedor de comida o grande.
— Tenedor de pescado o de ensalada.
— Cuchara de sopa.
— Cuchara de postre.
— Cuchara de té o dulcera.
— Cuchara de café.

Además de estos hay un sinfín de cubiertos especiales para diversos alimentos que les haremos conocer gráficamente, y cómo usarlos.

Cuando el juego de cubiertos trae cuchillo, tenedor y cuchara grandes; cuchillo, tenedor y cuchara medianos, quiere decir que estos últimos se utilizan para almuerzos y la cuchara y el tenedor medianos pueden usarse para los postres.

Cubiertos especiales

— Cuchara redonda para consomé.
— Cuchara para té frío, de mango largo o para helado en copa flauta.
— Tenedor de tres puntas para ostras y cocteles de mariscos.
— Tenedor de tres puntas, la del medio más larga para trinchar mazorcas, naranjas o cualquier fruta que se coma entera, directamente a la boca.
Estos cubiertos no vienen en los juegos corrientes, sino que hay que ordenarlos.

Algunas marcas conocidas de cubiertos:

- – Christophe   Franceses
- – Alex   Italianos
- – Albers Art Nouveau Franceses
- – Tiffany   Americanos
- – Chrisantemums   Americanos
- – Sheffield   Ingleses

Hay muchos otros marcas conocidas y de buena calidad. La lista es larga.

Son muy apreciados los cubiertos de plata inglesa, de vermeil, de marfil, de plata mexicana o peruana o de plata antigua italiana.

Los "Vermeil Sigmur" son de plata bañados en oro. Los "Argenté", o plateados son bañados en plata y lo "d'Argent" de plata de 925.

Todo objeto de plata debe estar contramarcado con esta numeración.

Vajillas

Las vajillas de porcelana, hablando de un conjunto de platos de diversos tamaños y del mismo dibujo, se empezaron a usar en la China aproximadamente hacia el año 208 A.C.

Hablar de vajilla significa grupo de platos y bandejas armónicas entre sí y fabricadas de materiales nobles, como loza, cerámica y porcelana. En la antigüedad utilizaban el barro o la escudilla de madera.

La fórmula de la porcelana descubierta por los chinos aproximadamente durante la dinastía Han, permaneció en secreto largo tiempo; y solamente algunos cientos de años después compartieron con los japoneses el secreto de química de la porcelana y el arte de manufacturarlas.

Los nipones conservan una "leyenda costumbre" sobre la decoración de su porcelana con dibujos de conchas de mar y de pájaros. Por esto es fácil distinguirlas.

¿Qué es la porcelana? Una mezcla de caolín, cuarzo y feldespato. Es dura, brillante, traslúcida, blanca, y no se raya. Al tocarla con algo metálico tiene un timbre sonoro.

Hay que diferenciar la porcelana dura como la que detallamos aquí, de la pasta tierna. Esta es la versión inglesa de la porcelana china. En Inglaterra le agregaron fosfato de calcio o hueso molido; y de ahí nos viene la famosa "bone china" inglesa, la cual es de textura más blanda, color hueso y más frágil.

Las vajillas se han hecho de muchos materiales. Las hubo y las hay de oro, plata, cristal, estaño, madera de faenza, porcela-

Cubiertos

A Cucharita dulcera o de café
B Tenedor de ostras
C Cuchillo de carne
D Cuchara de consomé
E Cuchara de sopa
F Tenedor de comida
G Cuchillo de comida
H Tenedor de pescado
I Cuchillo de pescado
J Tenedor de postre o almuerzo
K Cuchara de postre o almuerzo
L Tenedor de fruta
M Cuchillo de fruta
N Cucharilla de te frío
O Cuchara para toronja

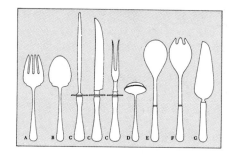

Cubiertos de servir

A Tenedor de servir
B Cuchara de servir
C Juego para cortar asados:
   afilador - cuchillo y trinche
D Cuchara para salsa
E Cuchara para servir ensalada
F Tenedor para servir ensalada
G Pala para cortar y servir pie o pastel

na, loza o cerámica. La porcelana es transparente y la loza o pasta tierna es opaca.

Si se quiere conocer si un plato es de loza o de porcelana, basta con ponerlo contra la luz; si es porcelana se verán claramente los dedos de la mano que los sostiene. Si es loza, no se transparenta.

Una vajilla de doce puestos es suficiente para atender bien unos invitados dentro de este número y si es posible elegirla de las que se dicen "open stock" (libre cantidad) es mejor, por la posibilidad de reponer y de ampliar más piezas.

Lista de una vajilla completa:
— Doce platos para comida (pandos o llanos) de 10" o 25 cm.
— Doce platos para sopa (hondos).
— Doce platos para ensalada o postre de 7" o 0.18 cm.
— Doce platos para el pan de 6" o 0.15 cm.
— Doce tazas para consomé con sus platos.
— Doce tazas para té o café con sus platos.
— Doce tazas para café negro (tinto) con sus tazas.
— Dos bandejas redondas y hondas para servir.
— Dos bandejas ovaladas para servir.
— Una ensaladera (opcional).
— Una cafetera - una lechera - una cremera - una azucarera - salsera.
— La sopera también es opcional.

Las vajillas americanas traen siempre doce bowls para cereal o dulces de almíbar.

Es muy importante no confundir el plato para el pan con el que recibe la taza de consomé o de café, que tiene un círculo remarcado en el centro para recibir dichas tazas.

Tanto las vajillas de té, de café o de tinto pueden ser diferentes a la vajilla, lo mismo que la ensaladera, la cual puede ser de madera o de cristal u otro material.

También es muy usual tener un juego de té aparte que conste de: Tetera, cafetera, azucarera, samovar (para el agua caliente), y bandeja. Este juego puede ser de plata, de electroplata, de porcelana, cerámica, acero, y otros materiales.

Algunas de las marcas más conocidas:

Limoges	Francesa	Muy blanca
Sèvres	Francesa	Muy blanca
Meissen	Alemana	Muy blanca
Bavaria	Alemana	Muy blanca
Rosenthal	Alemana	Muy blanca
Haschentreuter	Alemana	Blanca

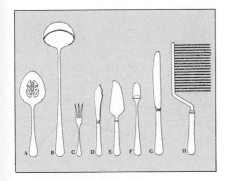

Cubiertos de servir

A Pala calada para legumbres
B Cucharón para sopa o ponche
C Tenedor para rodajas de limón
D Cuchillo pala para mantequilla
E Pala para queso
F Pala para servir quesos
G Cuchillo para ponqué
H Cortador de ponqué

Spode	Inglesa	Color crema con dibujos azules
Wedgwood	Inglesa	Bajos relieves en blanco
Royal Doulton	Inglesa	Crema
Royal Crown Derby	Inglesa	Color crema rojo o con azul
Lenox	Americana	Blanca
Havilland	Americana	Blanca
Buen Retiro	Española	
Noritake	Japonesa	
Herend	Húngara	Dibujos de pájaros o flores

Sería interminable la lista de todas las vajillas finas que se fabrican en el mundo.

Vajillas plásticas

Son muy económicas porque no se rompen fácilmente, pero sólo para usar en familia o con los niños. Tienen el defecto de rayarse con facilidad y no se pueden dejar cerca del fuego.

También hay vajillas de vidrio muy modernas en colores fuertes muy apropiadas para almuerzos.

Platos de servicio o de sitio

Este es un plato poco usado, algo más grande que el corriente de 25 cm, el cual se usa debajo del plato de comida, pando o llano desde el momento de poner la mesa hasta antes de los postres. Sin embargo, algunos anfitriones consideran que es mejor dejarlos hasta el final del ágape.

Platos de sitio los hay de oro, de plata, de cobre, de porcelana y pueden ser compañeros o no de la vajilla. Son muy elegantes y visten mucho una mesa bien puesta. No se sirve nunca comida en ellos y generalmente se les pone un pequeño redondel de tela fina y bordada doillie o carpetica blanca o en colores.

Otros platos poco usados son los platos de cristal o porcelana en forma de media luna para ensaladas que se colocan a la izquierda del plato principal y los lavadedos, que vienen casi siempre con la cristalería, pero también pueden ser de cobre, plata o cualquier otro material.

Centros de mesa y otras piezas

Los centros de mesa son el adorno que le da el toque de gracia y de buen gusto a toda mesa bien puesta. Pueden ser flores, frutas, figurillas, soperas de plata, objetos de porcelana, cerámicas, piezas de colección e infinidad de cosas que la imaginación de la persona que pone la mesa pueda inventar.

Fruteros, arreglos florales, piezas decorativas, pueden conseguirse antiguos, modernos o de colección, a juego con la vajilla, en cristales finos o en simple barro bien moldeado.

A través de los tiempos, diseñadores famosos como George Roberts y Paul Stors crearon bellísimos centros de porcelana.

También hay adornos en marfil ingleses e hindúes del siglo XIX, briseros en cristal de bohemia o baccarat, potiches, bomboneras, cajas de plata, oro, cobre, objetos exóticos, que no solo adornan sino que son tema de conversación entre los invitados.

Cristalería

En nuestro idioma hay diferencia entre vidrio y cristal. El cristal representa uno de los adornos más preciosos y exquisitos de toda mesa bien puesta. Un buen cristal tiene un timbre sonoro. El vidrio suena opaco. La diferencia entre cristal y vidrio es fácil de apreciar porque el cristal es más transparente y no tiene burbujas.

Una cristalería completa de mesa debe constar de las siguientes piezas:
- Doce copas para agua.
- Doce vasos de agua.
- Doce copas para vino tinto.
- Doce copas para vino blanco.
- Doce copas para aperitivos o cocteles.
- Doce copas pequeñas para licores.
- Doce copas de champaña.

Piezas opcionales:
- Copas para jerez.   Copas altas para té frío.
- Copas para brandy.   Jarros para cerveza.
- Copas para clarete.   Vasos anchos y bajos.
- Vasos altos para bebidas. Botellones para vino o licores.

Etiqueta de la copa

La etiqueta para manejar bien una copa es la siguiente:
- En la mesa no llevarse una copa a los labios sin habérselos secado antes con la servilleta. Basta con presionar la servilleta a los labios. El objeto de esto es no dejar huellas de grasa o de lápiz labial en el borde de la copa.
- En la mesa la copa de agua debe estar servida al sentarse los comensales; no así las de vino el cual se sirve al momento de consumirlo y de acuerdo con el plato respectivo. Vino blanco para

Cómo sostener una copa de brandy

Cómo sostener una copa de vino

pescados y carnes blancas, vino rojo para carnes rojas. Champaña en su copa respectiva al final o para acompañar todos los platos.

    — Una copa de vino no debe llenarse más allá de la mitad porque el vino pierde su aroma o fragancia.

    — En las copas de brandy, el licor se sirve en pequeñas cantidades; aproximadamente un dedo y medio. Se supone que la forma de esta copa ayuda a degustar este licor fuerte el cual se toma muy despacio.

Vasos y jarros

Jarros con asa para tomar cerveza, ponches o grogs y vasos indispensables para tomar agua, gaseosas o jugos.

    El cristal, en cuanto a los colores, puede ser blanco, transparente, opaco, como el Lalique (blanco azulado), o de colores rojo, azul, verde y oro.

    Los cristales Saint Louis, Bohemia, o Val Saint Lambert vienen transparentes o en distintos colores. A veces estas marcas y el Baccarat traen en color solamente la copa de vino blanco.

Algunas marcas célebres:

— Baccarat	Francés
— Saint Louis	Francés
— Lalique	Francés
— Val Saint Lambert	Belga
— Bohemia	Checo
— Orrefors y Stiegel	Suecos
— Cristal de	Venecia
— Cristal de	Murano
— Stiegel - Sandwich Glass	Americano

Arreglo de la mesa

En el momento de poner la mesa son puestos a prueba el gusto y la habilidad de la anfitriona.

    La mesa, el mueble objeto de este tema, puede ser de madera, de mármol, de cubierta de vidrio o moldeada en plástico como para nombrar algunos de los materiales de que están hechas; puede ser la del comedor, la de una terraza o simplemente la que elija la dueña de casa para la ocasión.

    La mesa se pone siguiendo el orden de los movimientos que se hacen al comer. De ahí, que aunque sus reglas puedan parecer complicadas, en realidad obedecen a una lógica rigurosa: una mesa bien puesta tiene que funcionar bien.

Cómo sentar los invitados a la me *alternando una dama y un caballe*

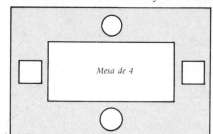

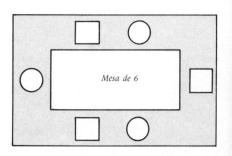

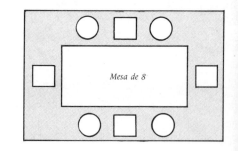

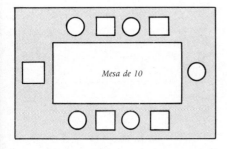

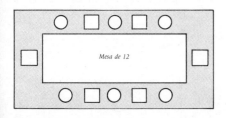

○ Dama
☐ Caballero

Platos

Se disponen en el sitio de cada comensal, a unos dos centímetros del borde de la mesa. Entre cada comensal debe haber por lo menos un espacio de cincuenta centímetros.

Se coloca primero el plato de sitio o fondo, si lo hay, o directamente el plato principal (llano o pando) de 10" o 25 cm.

A la izquierda de éste, en la parte superior, ubicamos el plato del pan, de 6" o 15 cm, el cual sólo se usa en los almuerzos.

Si hay plato para ensalada, éste se coloca también a la izquierda junto al plato principal, pero sólo se pone en el instante en que va a ser servida la ensalada.

Los cubiertos se disponen en el orden en que habrán de usarse; de afuera hacia adentro en ambos sentidos. Tenedores a la izquierda, cucharas y cuchillos a la derecha, éstos con el filo hacia el plato.

Hay dos formas de colocar los tenedores y las cucharas: a la americana o sea en sentido convexo y a la europea en sentido cóncavo. Ambas son permitidas.

Si la entrada es de mariscos, crustáceos u otro alimento que requiera el tenedor pequeño de tres puntas, éste va a la derecha, al lado de la cuchara y los cuchillos. Eso se usa para darle estética visual al conjunto.

Cuando los cubiertos se disponen en la parte superior del plato, o sea horizontales, la cuchara con el mango hacia la derecha y el tenedor con el mango hacia la izquierda.

Copas

Se ubican a la derecha de la parte superior del plato. Si son muchas se pueden disponer formando un triángulo o hacia el centro del plato de cada persona, y se ordenan de derecha a izquierda en el orden en que se van a usar. Por ejemplo: copa de vino blanco, de vino tinto y de agua. Cuando se sirve champaña esta copa se sitúa detrás de las otras tres. Cuando se ofrece agua solamente, se puede colocar la copa de agua o un vaso nada más.

El orden de los platos

Hemos dicho antes que poner la mesa es un acto de pura lógica. Lo mismo afirmamos en cuanto al orden de los platos. En general, todos los ingredientes de una comida se presentan en orden creciente de intensidad: de lo más liviano a lo más pesado; de lo más suave a lo más sabroso, de lo menos perfumado a lo más perfumado. Así, las salsas blancas irán antes que las oscuras, el pescado antes que las carnes, las carnes blancas antes que las carnes rojas, los vinos secos y poco perfumados antes que los dulces y aromáticos.

He aquí un ejemplo de los platos para un almuerzo informal:
- Entrada de sopa o coctel de mariscos o fruta.
- Plato fuerte de carne o pescado.
- Postre liviano.
- Café o agua aromática.

Ejemplo de platos para ofrecer o pedir en una comida formal:

- Entremeses u hors d'oeuvres.
- Consomé o sopas.
- Pescados o crustáceos.
- Carnes y sus acompañamientos.
- Quesos.
- Fruta.
- Postre.
- Café.
- Licores.

El pan no debe faltar y la mantequilla sólo se ofrece en los almuerzos. Sin embargo en los restaurantes los ofrecen tanto al almuerzo como a la comida. Puede ofrecerse en una panera o pequeña bandeja un poco honda, cubierto por una servilleta de tela. El pan debe estar caliente y rebanado.

Botellones de cristal para el vino, saleros y pimenteros se colocan en la mesa. Si son muchos comensales, es correcto poner saleros en cada puesto y un botellón en cada extremo.

En el centro o a los costados de la mesa se ubican los elementos decorativos; pueden ser una pieza única, por lo general de plata o cristal. También se colocan candelabros, soperas y estatuillas.

Los arreglos frutales son para almuerzos y los florales son para las comidas o cenas.

El centro floral es el más usado y el que más gusta. Las flores deben arreglarse a un nivel que permita que los invitados conversen y se vean sin dificultad, y no muy fragantes para que su aroma no estropee el de los alimentos.

Etiqueta de la mesa

Orden de precedencia en la mesa

La precedencia comienza por los anfitriones o dueños de casa, ya sea la mesa cuadrada, ovalada, rectangular, o redonda. Es decir, los puestos a la derecha y a la izquierda de ellos son los de honor.

Menú

Blinis con caviar de salmón rojo
Sopa Esaú al vodka
Medallones Trocadero
Papa al vapor
Espinacas con crema
Ponqué de Novia

Rocas de Lourdes
Junio 11 de 1988

Mesa puesta para comida de diez personas. El plato de sitio es de plata. Porcelana de Meissen, cristalería Val Saint Lambert, cubiertos de plata. El mantel de hilo, azul con blanco para combinar con los colores clásicos de la porcelana de Meissen, resultaría más apropiado para un almuerzo. Pero la imaginación de la anfitriona permite esta pequeña variación.

▲

Arriba, puesto de mesa para
almuerzo ejecutivo. Se permite
un doblez creativo en la
servilleta, al contrario de la
manera clásica.

Otra manera tradicional de
poner una mesa. El mantel es
de hilo bordado; los platos de
sitio o platos base, en plata;
vajilla Limoges; cristalería Val
Saint Lambert, cubiertos de
plata. Portatarjetas, cigarrillera
y cenicero, Christofle. La copa
de color es para el vino blanco.

Comedor para ejecutivos en el
Banco Ganadero, sede de
Bogotá. La mesa está puesta
para 16 personas y cubierta con
◀ un mantel de encaje. La vajilla
es Limoges, la cristalería
Baccarat, y los cubiertos
Christofle, en plata. El plato de
pan y el centro de mesa son de
plata colombiana.

Otra mesa con mantel de encaje
dorado de París, plato base de
plata, platicos, bomboneras y
cubiertos de vermeil. Esta
servido un consomé de tortuga
en tacita de porcelana Thomas.
La cristalería es de Bohemia.
Las cajitas de adorno son de
Fabergé y fueron fabricadas en oro.

◄ Mesa para diez personas, puesta
con una rara vajilla Royal
Copenhagen de 1779,
acompañada por cristalería
Baccarat, cubiertos ingleses en
plata y marfil y candelabros y
piezas de centro en plata. En el
recuadro, aspecto de uno de los
puestos, con individual en hilo
bordado, y luciendo una rara
pieza de porcelana para
entradas calientes.

73

Cena para 18 personas. Mantel de encaje, vajilla de Meissen, cristal de Baccarat; los cubiertos (dispuestos por su lado cóncavo, a la manera francesa), llevan iniciales en relieve y son Puiforcat. Candelabros de opalina.

Composición moderna: el centro de mesa está arreglado con verduras; tanto la vajilla como la cristalería y los cubiertos son de corte contemporáneo, y resultan muy apropiados para un almuerzo campestre.

Almuerzo en el jardín para cuatro personas. Mantel de hilo calado y vajilla pintada a mano. Cubiertos de plata y cristalería Val Saint Lambert, con copas para vino blanco en diversos colores.

El conocimiento de la etiqueta de la mesa y la habilidad de un buen anfitrión consiste en procurar sentar siempre alternando damas y caballeros, evitando colocar los maridos al lado de sus esposas. Los novios sí pueden sentarse juntos.

La dueña de casa o anfitriona se sienta o en un extremo de la mesa o al centro de la misma; entonces el invitado de honor o de más importancia o de mayor edad, se sienta a su derecha y a su izquierda otro caballero. El dueño de casa o anfitrión situará a la invitada de honor, dama de mayor importancia o de mayor edad a su derecha. Generalmente esta dama es la pareja del invitado de honor. A su izquierda se sienta otra dama.

El ama de casa procura elegir la cabecera próxima a la puerta por donde vienen los criados con las viandas o para que le quede fácil levantarse hacia la cocina.

En las comidas formales y en los banquetes es correcto señalar el puesto del invitado con una tarjeta tamaño visita o más pequeña, escrita a mano o a máquina, la cual se coloca frente a cada plato. También se usa colocar un pequeño diagrama a la entrada del comedor indicando dichos puestos ya sea en una o varias mesas.

El menú escrito en una comida formal se coloca al frente o a la izquierda del plato de cada comensal.

Los temas de conversación deben orientarse por cauces amables, evitando todo lo que pueda suscitar fricción o discusión. Esta tarea es responsabilidad de los anfitriones o dueños de casa.

Para lograr alternar un caballero y una dama es conveniente seguir la siguiente regla: en mesas de cuatro o múltiplo de cuatro (ocho, doce, dieciséis), siempre hay que colocar el mismo sexo en las cabeceras. Generalmente es la dueña de casa la que cede su puesto al invitado de honor, sentándose ella a su izquierda, y así siempre quedará el invitado de honor a la derecha de la dueña de casa.

Modales en la mesa

Los modales en la mesa, o sea observar su etiqueta, es uno de los actos más dicientes sobre la buena educación de una persona. Quien conoce y practica estas reglas de etiqueta adquiere la seguridad que se necesita para conseguir la verdadera finalidad que tiene congregar dos o más personas en una mesa.

Una persona segura de sí misma, puede usar casi en forma mecánica pero con elegancia los cubiertos, una copa, una servilleta y mientras lo hace puede arreglar un negocio, declararle su amor a la amada, decidir el destino de un pueblo y hasta elegir un presidente.

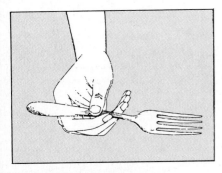

Modales en la mesa

Correcto: Para usar el tenedor o cuchara en la mano derecha en sentido convexo descanse el mango en el dedo medio y agárrelo con el índice y el pulgar.

Incorrecto: Nunca agarre el tenedor o la cuchara por la parte de arriba del mango.

◄ *Mesa puesta para doce personas: los platos de sitio y de pan son de plata mexicana, la cristalería de Baccarat y los cubiertos de plata inglesa. El mantel es de encaje de Bruselas y el menú fue escrito a mano.*

La apariencia personal juega un papel muy importante, tanto en el anfitrión como en el invitado. Una persona vestida de acuerdo con la ocasión, bien peinada y con las manos debidamente arregladas es un actor principal en la escena de la mesa bien puesta.

Cómo servirse en la mesa

A la inglesa o la nuestra consiste en que es la dueña de casa la que se sirve primero. Esta forma tiene una explicación lógica: ella indica cómo deben servirse los invitados aquel plato y como es la que inicia la comida puede detectar si hay algo que no debe ofrecer, como alimentos que por un accidente no estén frescos, o mal condimentados. Ella rápidamente puede resolver la situación sin someter a los invitados a tener que disimular una falla.

Para los americanos la etiqueta de cómo servir a la mesa comienza por la invitada de honor, las damas y los caballeros. El anfitrión es el último.

Se sirve primero a la invitada de honor, la de más edad o la de mayor importancia; luego a las otras damas ya sea a la derecha o a la izquierda de la anfitriona. Seguirán en su orden al invitado de honor, luego a cada uno de los caballeros y por último al dueño de casa.

El dueño de casa o anfitrión es a quien le toca probar el vino y se comienza a servirlo por las damas, luego los caballeros y por último el dueño de casa.

Con el fin de no equivocarse sobre qué cubiertos se deben usar, partimos de la base de que deben haber sido colocados en el orden en que se van a emplear, o sea, de afuera hacia adentro del plato.

Los cuchillos y las cucharas a la derecha, los tenedores a la izquierda. Los cuchillos con el filo hacia el plato.

Recuerde que pueden encontrar las cucharas y los tenedores en sentido cóncavo o convexo según las costumbres del anfitrión y ambas son correctas.

Maneras de comer

A la americana: El antebrazo y la mano derecha siempre descansan sobre la mesa, en cambio la mano izquierda permanece en el regazo mientras no se están empleando ambas manos con los cubiertos o con las copas.

— La cuchara de la sopa se sostiene con la mano derecha y se lleva a la boca de lado si contiene solamente líquido, de punta si además lleva sólidos.

Manera correcta de emplear los cubiertos al cortar carne.

Correcto: Al partir carne los codos deben estar recogidos y las manos descansan, la derecha en el mango del cuchillo (no en el filo), y la izquierda en el tenedor, en sentido cóncavo y sin tocar la base del cubierto.

Incorrecto: Nunca agarre los cubiertos cerrando las manos. Trate siempre de apoyar los dedos índices.

Incorrecto: Tratar de pasar de una mano a la otra el tenedor con algún alimento ensartado.

78

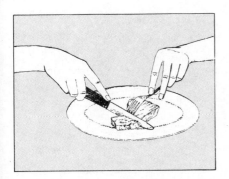

Sosteniendo el tenedor en la mano izquierda y el cuchillo en la derecha se empieza a cortar la carne.

El cuchillo se deja descansar en la parte superior del plato con el filo hacia adentro liberando así la mano derecha.

Entonces trinchando con el tenedor cóncavo en la mano derecha se lleva a la boca. La mano izquierda descansa en el regazo.

— El tenedor que se ha tenido en la mano izquierda para ayudar a cortar se pasa sin que tenga ningún alimento ensartado a la mano derecha y entonces en sentido convexo se trincha el bocado y se lleva a la boca.

— El cuchillo, una vez que se ha utilizado para cortar algún alimento, se debe dejar descansando en el lado superior derecho del plato con el filo hacia adentro. Se puede usar el cuchillo para ayudar al tenedor o se emplea un pedacito de pan para ayudarse. El cuchillo no se usa para llevarse alimentos a la boca.

A la europea: Las manos permanecen siempre descansando sobre la mesa cuando no se tienen ocupadas en el manejo de los cubiertos.

— La cuchara tiene la misma etiqueta que a la americana, o sea, se lleva a la boca con la mano derecha y se toman los líquidos de lado y los sólidos de punta.

— El tenedor siempre permanece en la mano izquierda en sentido cóncavo y no se debe llevar a la boca en sentido convexo.

— El cuchillo se sostiene con la mano derecha. Si se quiere descansar debe permanecer al tiempo con el tenedor dentro del plato y enfrentados.

Una tercera opción para usar los cubiertos es una combinación de los dos anteriores; al cortar alimentos el tenedor sostenido en la mano izquierda trincha, y se lleva a la boca. Luego se deja el cuchillo descansar en la parte superior derecha del plato con el filo hacia dentro, se pasa el tenedor de la mano izquierda a la mano derecha y se lleva a la boca en sentido convexo. Este es el momento en que se usa un pedazo de pan para ayudarse con el tenedor. El pedacito de pan debe partirse sobre el plato del pan si lo hay o sobre el mantel y no sobre el plato de comida. Luego se come.

Cuando se está comiendo los codos no se apoyan en la mesa, la persona puede colocar los antebrazos o ambas manos o según la costumbre americana la mano izquierda descansando en el regazo y la derecha sobre el mantel.

Para beber o comer algo no se apoyan los codos sobre la mesa.

Las manos deben estar completamente despegadas de la mesa tanto para manejar los cubiertos y llevárselos a la boca como al coger una copa o un vaso para tomar un líquido.

Al terminar de comer se dejan ambos cubiertos paralelos y sobre el plato. Se colocan en cualquier lugar dentro del cuarto inferior derecho del mismo.

El tenedor y la cuchara medianos o de almuerzo, también se usan para el postre. Si se encuentran en la parte superior del plato, en el momento en que le ponen a uno el plato para el postre, se toman el tenedor con la mano izquierda, la cuchara con la derecha y se colocan a cada lado de dicho plato.

El tenedor mediano, en este caso, sirve solo para ayudar a servirse en la cuchara la porción de postre que se llevará a la boca. Al terminar se procede a dejarlos sobre el plato.

El tenedor o la cuchara pequeños que sirven para entradas, como por ejemplo un coctel de mariscos, o uno de frutas, se usan siempre con la mano derecha, y debe uno encontrarlos a la derecha al lado de la cuchara grande y los cuchillos, o sobre el plato que sostiene las copas de coctel.

Uso de la servilleta

Al sentarse a la mesa la servilleta se encuentra a la izquierda junto a los tenedores o sobre el plato principal vacío. Se toma con la mano izquierda, se desdobla hasta la mitad, es decir queda rectangular y se coloca en el regazo procurando que el doblez quede hacia la persona. La razón de esto es para que al llevársela a los labios la servilleta no se desdoble.

Procurar emplear la servilleta siempre del mismo lado para que las marcas que dejan los labios, al usarla, no se vean. Al terminar de comer, la servilleta se deja a la izquierda o a la derecha del plato. No se debe tratar de devolverle sus dobleces, ni arrugarla con las manos para indicar que está usada. Se deja sobre la mesa en forma semi doblada.

No es correcto tomar agua entre plato y plato.

El servicio

Lo que más demuestra la calidad del servicio es su actuación rápida y silenciosa hasta el punto de no advertir casi la presencia de quien sirve. Esto se aplica igualmente si se trata de una sola empleada o de diez. Otra cualidad de un servicio bueno, consiste en que cada invitado se sienta bien atendido.

Un camarero bien entrenado siempre destapará el vino en presencia de los invitados. La excepción a esto es cuando en casa se ha decantado el vino en botellones de cristal. Las jarras se usan para vinos de cosecha.

Las personas del servicio no deben dirigirle la palabra a los invitados. Deben estar entrenados para mirar de vez en cuando a la dueña de casa para que les indiquen qué deben hacer cuando tienen una duda o no saben.

Toda persona que sirva la mesa debe estar convenientemente vestida y arreglada, ojalá uniformada. Para los almuerzos los uniformes de las camareras pueden ser en colores claros con

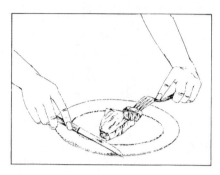

Correcto: Después de cortar, si va a emplear la mano izquierda para llevarse el bocado a la boca, debe mantener las puntas del tenedor hacia abajo y el índice extendido hasta la base del cubierto.

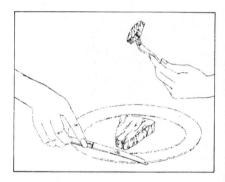

Incorrecto: Nunca le de vuelta al tenedor cuando lo tiene en la mano izquierda para llevarlo a la boca.

Correcto: Al cortar comida, brazos, manos y cubiertos deben presentar una graciosa línea horizontal.

Incorrecto: Nunca sostenga el cuchillo, tenedor y manos en forma vertical.

delantales blancos y por la noche deben estar de vestido negro, delantal, cofia y guantes blancos. Los camareros tienen varios modelos de pantalón, saco o chaquetilla y corbatín.

Una sugerencia para la dueña de casa es enseñarle a su empleada cómo servir la mesa y hacerla practicar diariamente, así no cometerán errores cuando se tengan invitados.

Los sirvientes no deben tomar ni dar nada directamente al invitado y viceversa; una cuchara, una bebida o una taza siempre la presentará el camarero en un plato o en una bandejita, ésta vestida con una carpetica.

Al servir la mesa siempre se ofrecen los alimentos por la izquierda y se recogen los platos ya usados por la derecha. Un camarero bien entrenado tendrá listo en la mano izquierda el plato que reemplazará el que ha quitado con su mano derecha.

El sirviente bien hábil debe sostener la bandeja con la mano izquierda y la otra en la espalda. No olvidar que las bandejas deben tener los bordes bien limpios.

Platos que vienen ya servidos, se sirven por la derecha.

No es correcto presentar un "plato servido" a menos que se esté empleando el estilo de la "Nouvelle cuisine française" donde prima más el arreglo estético de los platos.

Comportamiento en la mesa

Evitar:
— Tratar de hablar con la boca llena.
— Tomar un trago de agua o de vino con un bocado en la boca.
— Gesticular o accionar con los cubiertos en la mano.
— Jugar con los cubiertos o migas de pan.
— Tratar de enfriar la comida.
— Comer con la boca abierta. La boca debe permanecer cerrada durante la masticación.
— Comer algo con la punta del cuchillo.
— Llenar el tenedor de comida hasta su base. No cabe en la boca.
— Comer el pan a mordiscos. Se debe partir en pequeños pedazos cada vez. Las galletas y las tostadas sí se pueden morder.
— Pescar el pan con el tenedor.
— Cortar la lechuga con cuchillo y tenedor. Solo se emplea este último.
— Cruzar los cubiertos en el plato cuando se haya terminado. Se colocan juntos en el cuarto derecho inferior del mismo.
— Tratar de subdividir porciones que vienen ya cortadas o arregladas.

— Apoyar codos y brazos en la mesa. Solamente las manos.

— Levantar el dedo índice o el meñique al manejar los cubiertos o al llevarse un vaso o una copa a los labios.

— Rechazar comidas porque no le gustan, o le sientan mal. Sencillamente se sirve uno lo menos posible y aparenta disfrutar del plato.

— Inclinar el plato de sopa para escurrirla.

— Llevarse las manos a la cabeza para arreglar el peinado o rascarse.

— Dejar la cuchara del consomé dentro de la taza. Se puede caer.

— Retirar el plato de sí, en señal de que se ha terminado. El servicio se encargará de retirarlo y reemplazarlo por uno adecuado para el siguiente paso de la comida.

— Retocar los labios con el lápiz labial o empolvarse sentada a la mesa. Esto sólo se permite en los restaurantes, se puede hacer retocando rápidamente al final de la comida, antes de levantarse.

— Regarle salsa a toda la comida. La salsa de la carne es para la carne, y la de los espaguetis es para los espaguetis.

— Fumar durante la comida. Se permite fumar al final de la comida, con el café.

— Dejar caer la ceniza del cigarrillo en el plato o en el suelo. Antes de prenderlo asegurarse de tener un cenicero cerca.

— Poner temas de conversación sobre religión, política, accidentes o enfermedades. Mejor hablar de temas agradables.

— Reírse a carcajadas.

— Tratar de dominar la audiencia alzando la voz.

— Mojar el pan con vino o con sopa. Este sirve en pequeños pedazos para ayudarse con el tenedor.

Normas para los principales alimentos

La Sopa. Cuando se toma en taza de dos asas se usa la cuchara y solamente se coge por las asas para beber el resto. La sopa servida en platos se tomará igualmente con cuchara sin raspar el fondo del plato para aprovechar la última gota y sin inclinarlo. Habrá que tener paciencia y esperar, o tomarla a cucharadas muy pequeñas, nunca por el centro del plato, sino junto a su borde superior.

Los Panecillos. Se sirven con la sopa o los entremeses. No se cortan con el cuchillo. Se parten con la mano en trocitos pequeños a medida que se comen. Cortarlos sobre el plato del pan y no sobre el plato principal vacío, porque las migas quedarían o sobre el plato vacío o sobre la comida.

La Mantequilla. Nunca se debe untar ésta con el cuchillo de la carne, se debe hacer con uno especial.

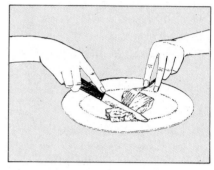

A la Americana: Sostenga el tenedor en la mano izquierda y el cuchillo en la derecha al comenzar a partir la carne.

El cuchillo se deja descansar en el borde superior derecho del plato y puede con la mano izquierda llevarse el tenedor con el bocado a la boca.

A la Americana: La mano izquierda descansa en el regazo, el cuchillo descansa en la parte superior derecha del plato y se emplea la mano derecha para llevarse los alimentos a la boca.

A la Europea: *Se conserva el tenedor en su mano izquierda, el cuchillo en la mano derecha y se come la carne del tenedor de dicha mano.*

Usando el cuchillo como ayuda: *El cuchillo se puede utilizar como ayuda pero sin tratar de poner arroz, vegetales, etc., por el lado convexo del tenedor.*

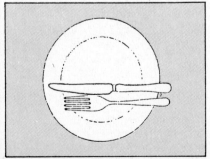

Al terminar de comer los cubiertos se colocan en el cuarto inferior derecho del plato.

El Caviar. Por lo general se sirve en su envase de origen acompañado de tostadas. Nos serviremos una cucharadita de caviar y la colocaremos en nuestro plato. Untaremos el pan y la tostada con mantequilla y después el caviar, usando el mismo cuchillo, luego unas gotas de limón y lo comeremos llevándolo directamente con los dedos a la boca.

Las Ostras. Se comen con un tenedor especial, de tres dientes, uno de los cuales es más ancho. Se separa la carne de la concha con la parte ancha del dicho tenedor y se rociará la ostra con limón. Esta carne se puede comer directamente de la concha o con el tenedor sorbiendo después su jugo. Por lo general se sirven seis ostras por persona.

Los Scargots. Para comer scargots o caracoles (de tierra) se deben emplear los cubiertos especiales: pinzas y tenedor de dos puntas. Se toman las pinzas con la mano izquierda, y con ellas se agarra el caracol y con el pequeño tenedor en la mano derecha se saca éste de la concha y se lleva a la boca.

La Langosta. Se sostiene con la mano izquierda por el caparazón y con la derecha sosteniendo el tenedor indicado, se trincha y se come la pulpa. Es correcto, arrancar las patas y muelas con la mano y hasta sorber la carne de dichas partes. También se pueden romper las muelas con las pinzas para ello y con el tenedor se saca la carne y se come. Esto no es correcto en una comida formal.

Los Mariscos. Parecidos a la langosta se comen del mismo modo. Si se comen con las manos es necesario ofrecer lavadedos siempre que se sirva langosta, cangrejos o mariscos.

Los Espárragos. Se comen agarrándolos con los dedos, untándolos en la salsa y chupando luego discretamente la parte tierna. Pueden comerse hasta su base.

Las Alcachofas. Cuando son grandes y de cosecha, comerlas hoja por hoja con los dedos. Mojar en la salsa la parte tierna y morderla, luego se deja sobre el plato.

Los fondos de alcachofas se parten y se comen con el tenedor. Con las alcachofas se debe poner también lavadedos a la disposición de los comensales.

La Ensalada. La ensalada de hoja se servirá con las hojas ya partidas. Entonces será fácil comerla con el tenedor. No se debe usar el cuchillo para cortar la ensalada.

El Arroz. Este y las legumbres secas (fríjoles, garbanzos, lentejas, etc.), se comen con el tenedor. El arroz con leche es un postre y se come con cuchara dulcera.

Las Pastas. Espaguetis, macarrones, tallarines, etc., no se cortan ni con cuchillo, ni con tenedor. Se comen con este último, en la mano derecha y con una cuchara grande en la izquierda, tratando de enrollarlos hasta obtener un bocado. Otra manera es con el tenedor y ayudándose con un pedazo de pan para empujarlos sobre el mismo.

Las Papas. Las papas enteras, ya sea hervidas o asadas, no se parten con el cuchillo. Se parten con el tenedor en trocitos, pero sin hacer un puré, ni una masa poco atractiva con ayuda de la salsa y de las verduras que puedan haber en el plato. Si son servidas con piel se trinchará cada papa con el tenedor y se pelará con el cuchillo.

Los Huevos. Pasados por agua se sirven en hueveras que se colocan sobre un plato. Se saca el huevo de la huevera, se golpeará ligeramente con la cuchara hasta abrirlo, se come con la cuchara y luego la cáscara vacía se dejará sobre el plato.

Los huevos duros deben llegar pelados a la mesa. Al comerlos se partirán con el tenedor.

Las Verduras. Se parten con el tenedor y no con el cuchillo.

El Pescado. Exceptuando los pescados salados como el arenque, se comen con un tenedor y un cuchillo especial para ello. Los pescados en conserva como las sardinas se comen sólo con el tenedor ayudándose con trocitos de pan.

A causa de sus espinas el pescado se debe comer con mucho cuidado. En lo posible tratar de separar la piel y las espinas antes de comerlo. Si no se puede se sacarán aquellas de la boca con disimulo, dejándolas en el plato o sobre el tenedor.

No usar los dedos. Estas dificultades se tienen más cuando se sirve un pescado entero por persona. El filete es menos espinoso.

La Carne. Se corta en pequeños trozos a medida que se come. No es correcto partirla toda en pedazos para comerla después con el tenedor. Las tostadas con carne se cortan con el cuchillo. Las carnes muy blandas se pueden partir con el tenedor.

Las Aves. En familia podemos a veces coger una pata de pollo y comerla con la mano. También se puede hacer lo mismo cuando se ofrece pollo frito en canasta, picnics en la playa o en el campo.

Un anfitrión y sus invitados ante una mesa bien puesta comerán las aves con cuchillo y tenedor.

Carnes Frías. Salchichón, chorizos, longanizas y otros embutidos se comen quitándoles la piel con el tenedor y el cuchillo. Las salchichas calientes y todos los embutidos en general se pelan por partes. Las de hígado se cortan en rodajas, no se vacían con el cuchillo, se pelan.

La Fruta. Manzanas, peras, melocotones, en la mesa se comen con cuchillo y tenedor. Otras frutas como mangos, anones, chirimoyas, etc., se pueden cortar con cuchillo o abrir con las

Arriba, disposición del puesto cuando va a servirse el pescado, antes de las carnes. A la izquierda del cuchillo de carnes, el cuchillo de pescado.
Abajo, forma correcta de utilizar este último.

Cubiertería completa.
Generalmente vienen para doce puestos, aunque se pueden pedir para 18, 24 y demás múltiplos de seis. Se trata de cubiertos de plata, alemanes, marcados. De izquierda a derecha:

- *Pinza y tenedor de dos puntas para escargots o caracoles*
- *Tenedor de tres puntas para ensartar frutas o mazorcas*
- *Tenedor de tres puntas y cuchillo para frutas*
- *Tenedores de dos puntas para diversos usos (no son habituales)*
- *Cuchara mediana de sopa o postre*
- *Tenedor mediano de almuerzo o postre*
- *Cuchillo mediano de almuerzo*
- *Tenedor de pescado*
- *Cuchillo de pescado*
- *Tenedor grande para carne*
- *Cuchillo grande para carne*
- *Cuchara grande de sopa*
- *Cuchara para consomé*
- *Pala para mantequilla*
- *Tenedor de tres puntas para ponqués y pastelería*
- *Cuchara de té o dulcera*
- *Cuchara para helados*
- *Cucharilla de tinto*

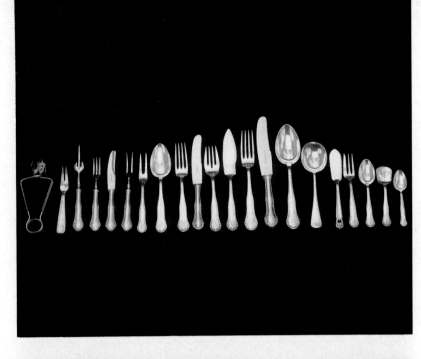

Cubiertos de servir del mismo juego

Cuchillo para quesos

En la fila de arriba, de izquierda a derecha:

- *Cucharilla para el azúcar*
- *Cuchara para salsas dulces*
- *Cuchara para salsas en general*
- *Pala para pastelería*
- *Cuchara para arroces*
- *Cuchillo para cortar asados*
- *Tenedor de dos puntas para el asado*

En la fila de abajo:

- *Palita para servir galletas o petit fours*
- *Pala grande para servir carnes cortadas, legumbres, pescados, pasteles...*
- *Cuchara y tenedor para ensaladas*
- *Cuchara para legumbres*
- *Otro juego de cuchara y tenedor para servir ensaldas*

◄*Disposición del puesto para almuerzo campestre, con menú de pescado y carne en su orden. Copas de colores para vino blanco, cubiertos de plata y cristalería Val Saint Lambert. Mesa vestida con un fondo en color el cual se coloca bajo el mantel.*

Modo de empuñar la pinza y el tenedor para comer escargots o caracoles: la pinza en la mano izquierda y el tenedorcito en la derecha.

Cómo usarlos: con la mano izquierda abrir la pinza haciendo presión sobre sus asas para abrir la caparazón; con la mano derecha extraer el caracol usando el tenedor de dos puntas.

Después de comer los escargots, que generalmente son una entrada, o cualquier marisco, animal de caparazón o plato que exija usar los dedos, el servicio presenta el lavadedos. Es un recipiente de cristal, porcelana, bronce o cobre con agua ligeramente tibia y perfumada. A veces se adornan con una rodajita de limón y una florecita. Una vez el comensal lo usa y se seca los dedos con la servilleta, debe colocarlo a la izquierda.

manos, luego se saca la pulpa y se come con una cucharita. Otras veces se corta en cuadritos pequeños, se pela y se come con el tenedor o en casos excepcionales con la mano. Veamos la forma de proceder en cada caso para las frutas que más a menudo suelen servirse:

Naranjas. Existen dos sistemas para comerlas. Primero partirlas por la mitad con un cuchillo, luego extraer la pulpa con una cucharita. Segundo: quitarles con el cuchillo, ayudados por el tenedor, el trozo circular de la piel tanto de la parte superior como de la parte inferior, para que puedan sostenerse mejor en el plato sin rodar y luego pincharlas con el tenedor, quitando el resto de la cáscara por secciones con el cuchillo. Una vez que estén limpias, se separan cada una por gajos con el cuchillo y el tenedor, llevando este último a la boca.

Mandarinas. Junto con las cerezas, las ciruelas y las uvas, son las únicas frutas que se pueden llevar directamente a la boca con las manos. Con los dedos se les quita la piel en trozos pequeños, no entera, y con el tenedor se separan los gajos y se comen.

Manzanas. Se empieza por cortarles con el cuchillo la coronilla o parte donde se encuentra el palito mientras se sujeta con el tenedor. También se hace lo mismo con la sección circular del extremo opuesto, se dividen en cuartos y para quitarles la cáscara se pincha cada pedazo y se lleva a la boca.

Albaricoques. Se comen con piel, para lo cual han de servirse convenientemente lavados. Si son pequeños pueden partirse con la mano, separando la semilla que en esta clase de fruta se desprende casi por sí sola. Si son muy grandes, se parten por la mitad con el cuchillo y sujetándolos con el tenedor, se les quita la semilla y se cortan en trocitos a medida que se van comiendo.

Ciruelas. Generalmente se comen con la mano. Hay que ofrecerlas muy bien lavadas.

Cerezas. Se sirven y comen como uvas. Las semillas se depositan en la mano y se dejan en el plato.

Uvas. Se comen con la mano, arrancándolas una a una del racimo que nos han servido. Las uvas generalmente se presentan lavadas o si no en un lavafrutas con agua. De no comer las semillas, se depositan discretamente en la mano y de allí al borde del plato.

Melón. Puede comerse de dos maneras. La primera consiste en separar la pulpa de la cáscara con el cuchillo y con éste se dan cortes verticales, para formar pequeñas porciones que se llevan a la boca con el tenedor a medida que se cortan.

Un segundo procedimiento menos convencional consiste en comer la pulpa con una cucharita, mientras se sostiene el melón por la corteza con los dedos de la mano izquierda. Así se comen los melones amarillos muy maduros.

Plátano. Se pela muy fácilmente con el cuchillo y el tenedor. Se cortan los dos extremos con el cuchillo sujetándolo con el tenedor en el plato y abriendo a lo largo de la cáscara sacándolo sobre el plato, para cortarlo luego en rodajitas que se llevan a la boca con el tenedor a medida que se va cortando.

Pasteles. Las tortas o dulces se comerán siempre con el tenedor. La buena ama de casa nunca cortará pedazos de torta demasiado grandes, ni demasiado pequeños. El hojaldre no se puede comer con cuchara.

La Mermelada. Se sirve con una cuchara dulcera, nunca con nuestra cucharilla o cuchillo, tratando que el borde del recipiente permanezca limpio. Se pone en el borde del plato y se untará después.

La Miel. Se sacará con cuidado del recipiente o melera. Si no tiene este último, se puede aprender a servir con una cuchara sin dejar caer gotas sobre el mantel.

Alimentos que pueden llevarse a la boca con las manos:

* Las *"Crudités"* (pedacitos de verduras crudas) pueden tomarse con las manos, mojándolos directamente en las salsas con los que son presentados, como apio, rajitas de zanahoria, espárrragos; aunque existe un instrumento especial para ellos.

* *La mazorca,* la cual acompaña muchos platos típicos se puede coger con la mano o con los pinchos especiales, que son ensartados en los extremos y se toma con ambas manos.

* *Frutas secas,* como dátiles, nueces, avellanas, maní, uvas o ciruelas pasas se cogen con los dedos. Cuando éstos tienen cáscara se dejan estas sobre el mantel.

* *Las muelas de cangrejo;* también pueden sujetarse con las manos, mientras con un tenedor se les extrae la masa.

* *Los canapés y bocaditos pequeños;* se toman con la mano, las galletitas o tostadas que se sirven con el paté y el caviar.

* *El pollo:* si resulta muy difícil eliminarle los huesos a la porción que le han servido.

* *La pizza:* acostumbra a servirse cortada en pedazos triangulares, ésta puede tomarse con la mano o también usar cuchillo y tenedor para comerla.

* *Los sandwiches:* se toman con las manos, lo mismo que las hamburguesas y los perros calientes (*Hot Dogs*).

* *Las frutas:* como manzanas, peras, ciruelas, duraznos, fresas, etc., se pueden comer con las manos recogiendo las semillas

discretamente en la palma de la mano o con el tenedor y depositándolas en un plato.

* *Las fresas:* si vienen con crema o con azúcar se comen con cuchara. Cuando son servidas con su tallo, se toman por éste, se mojan en la crema o salsa y se llevan a la boca. El tallo se coloca en el plato.

* *Las uvas y las cerezas:* se deben comer con los dedos, no es elegante pelarlas.

* *Los plátanos:* se comen con la mano sosteniéndolos por la cáscara.

* *Las frutas jugosas:* como la toronja, la papaya, el mamey, etcétera, se comen con cuchara. Para el mango y la naranja sin corteza existe un cubierto especial que permite trincharlo en su semilla, y sujetarlo firmemente, lo cual facilita todo el proceso de obtener su porción, con la ayuda del cuchillo.

* *Aceitunas, papas fritas, encurtidos, rabanitos, chicharrones y las hojas de las alcachofas:* se comerán siempre con los dedos.

Las aceitunas rellenas se comen de un solo bocado; si tienen semilla, se devolverán al plato.

* *La piña y la patilla:* preferible comerlas con cuchillo y tenedor.

* *El aguacate:* se come con el tenedor y se le puede poner sal.

* *Toda fruta servida con sirope o salsa:* se debe comer con cuchara. Lo mismo se aplica a los dulces hechos con frutas (en mermelada, compota o porciones de almíbar).

* *Ancas de rana:* las pequeñas se comen con los dedos.

* *Las tortillas mexicanas:* se cogen con la mano izquierda o se colocan sobre el plato, se rellenan con fríjoles o carne, se enrollan y pueden comerse con los dedos o con cuchillo y tenedor.

Vinos

Del latín *vinum.* Licor que se extrae del jugo de la uva. También se puede definir como la fermentación del jugo de la uva. Desde la antigüedad viene la tradición del cultivo de la vid. La Biblia nos cuenta que Noé plantó la viña, extrajo el jugo que se llamó vino, lo dejó fermentar, se lo tomó y se embriagó.

En tiempos de griegos y romanos el cultivo vitícola alcanzó el grado de divinidad y lo consagraron al dios Baco cuyas fiestas se celebraban en tiempos de la vendimia con festejos que degeneraron en tales orgías que los emperadores tuvieron que suspenderlas.

Sí, el vino es tema de siempre en la literatura y tal vez el hecho de que Jesucristo instituyera la principal ceremonia del cristianismo a base de la consagración del pan y el vino, lo protegió y lo ha traído hasta nuestros días como una ciencia conocida como la enología.

Del jugo de la uva se extraen los vinos blancos, rojos, rosados y espumosos; cuando se destila se saca un licor como el cognac y el pisco peruano y si se somete al proceso de champañizarlo se obtiene la champaña. Se dice que es el vino de todas las circunstancias y es, sin duda, el vino de las fiestas. La champaña puede tomarse desde el principio hasta el fin en cualquier comida elegante.

El proceso del vino es complejo, varía según las regiones, la clase de cepa y del vino que se desee obtener. La cepa o tronco de la vid de la cual brotan los sarmientos y toda la planta es el secreto de un buen vino. Hay infinidad de cepas que producen uvas de más o menos calidad para obtener el vino. Hay cepas famosas como Pinot blanco Chardonay de donde viene la champaña y los famosos vinos blancos de Borgoña, de Alsacia, Alemania, Hungría y California. Es una cepa fuerte. El jugo incoloro y la materia colorante contenida en el hollejo del Pinot Noir es lo que a través de la fermentación le da su hermoso color rojo.

La Grenache o Garnacha originaria de España se da en los Pirineos y hasta en el Valle del Ródano produce vinos rojos. El Pinot gris da el famoso Tokay húngaro y el Chemin noir de Anjou produce los vinos claretes del valle del Loira.

La cepa Riesling amarilla, originaria de las riberas del Rin y del Mosela, produce los vinos blancos y frescos de Alsacia, Austria, Bulgaria, Suiza y California.

En Europa, la vendimia o recolección de la uva se hace en el otoño y a partir de noviembre comienza el proceso del cuidado de los viñedos, operación que requiere la atención del viticultor durante todo el año y sus estaciones.

El proceso vinícola de extraer el jugo de uva, llevarlo a las cubas de fermentación y su proceso de decantación ha cambiado mucho a través de los años. Hace siglos que no se ven los grupos de campesinos que al son de la música regional aplastaban la uva, ni los grandes tornos de madera que en tiempos recientes los reemplazaron.

Ahora son los enólogos con sus aparatos los que conocen los misterios de la vinificación, pero sin despreciar las experiencias transmitidas a través de generaciones.

La calidad y el tipo de suelo, y el clima, son factores decisivos para la viticultura. Además exige atención y conocimiento profundo para defenderla de las plagas a las que están expuestas continuamente.

La composición del vino es de un 75 a 85% de agua, de 6 a 12% de alcohol y de 4 a 20 gramos de glicerina. Tiene muchos ácidos como el tartárico, el cítrico y el acético; éstos le dan a los vinos su frescura. Además tiene minerales que aumentan su valor alimenticio. Los vinos rojos son más ricos ya que tienen vitaminas B_1 y B_4.

Es un error al creer que el valor nutritivo de un vino depende de sus grados de alcohol. Un mínimo de éste es necesario para su conservación. También tiene azúcares y esto lo hace más fuerte.

Los términos y siglas que emplean los vinicultores tienen su origen debido a que a finales del siglo XVIII hubo que reglamentar el comercio del vino. Fue entonces cuando apareció la botella de vino, pues antes de esto se transportaba en toneles y en la antigüedad en ánforas de barro y se marcaban por medio de signos.

Las etiquetas en el siglo XVIII eran manuscritas y en el siglo XIX eran en cuero.

La etiqueta de un vino de marca debe traer la siguiente leyenda:

1. Nombre del vino.
2. Mención obligatoria de origen controlado.
3. La figura identificando la marca.
4. El nombre del viticultor (obligatorio).
5. Embotellado por el negociante o en el sitio de producción.

Trade Mark
BARTON & GUESTIER
CHAMBERTIN
1959
Appellation Chambertin Controleé
Mis en Boutilles au Château par
BARTON & GUESTIER

Hay etiquetas que especifican si el vino es blanco o rojo, de mesa o aperitivo. V.D.Q.S. "Vin de qualité superieure" quiere decir vino de calidad superior, o sea, un vino muy bueno. "Mise en bouteille au château" o "Au Domaine" indican también vino más escogido, embotellado directamente por el cultivador.

Vinos que llaman "del país" tienen 8% de alcohol. Son vinos ligeros de sabor terroso y son de mesa. Estos vinos sólo traen marcado su lugar de origen. Hay también vinos de coupage o mezcla de varias cosechas.

Vinos conocidos

Vinos blancos secos:
España: Rioja, Alella, Mancha, Jerez fino, Manzanilla

Alemania: Riesling, Mosela.
Alsacia: Riesling
Italia: Orvieto, Frascati
Francia: Chablis
Portugal: Vino verde

Vinos blancos abocados o dulzones y vinos blancos de postre:
Francia: Graves y Vouvray
Italia: Castelli, Romani, Verdicchio
Austria: Riesling
España: Málaga, Malvasia, Jerez Cream, Alella

Vinos blancos dulces y blancos de postre:
Francia: Sauternes, Cerons, Vouvray
Italia: Moscato, vino santo
Portugal: Oporto
Alemania: Mosela, Rhin y Liebenfraumilch
España: Moscatel, Tarragona, Jerez dulce, Málaga y Malvasia

Vinos tintos ligeros:
Francia: Beaujolais, Château-Neuf du Pape, Medoc, Graves
Portugal: Vino verde tinto
España: Rioja, Valdepeñas, Priorato

Vinos tintos:
Francia: Borgoña, Hermitage, Medoc, Saint Emilion, Pomerol
España: Rioja, Alicante
Italia: Chianti

Vinos tintos de renombre:
Francia: Chambertin, Côte de Nuits, Corton, Château Margaux, Château Lafitte, Château Haut-Brion, Romanée, Musigny.
Italia: Barolo

Vinos rosados:
España: Rioja rosado y Alelle rosado
Suiza: El Ojo de Perdiz (Neuchatel)
Francia: Tavel, Cencer, Cabernet d'Anjou

Estados Unidos: Produce vinos blancos y tintos muy buenos como:
Pinot Noir-Almacén, Sauterne - Paul Masson,
Cabernet Savignon - Beaulieu Vineyard.
Argentina: Trapiche - Rionegro y Norton.

Chile: Le dicen la Cava de América. Produce los mejores en Suramérica.

El más famoso: Ochagavía - Chacoli - Concha y Toro - Undurraga - de mesa tintos y blancos - secos y ligeros.

Hay años que dan mejores cosechas que otros. Los buenos borgoñones deben tener de siete a diez años. Los burdeos de diez a quince años. La champaña no se debe guardar mucho tiempo, se tuerce.

El lugar donde se almacenan los vinos se llama cava.

Términos para calificar un vino

Cualidades: un vino puede ser robusto, equilibrado, aterciopelado, lleno o con extracto, capitoso (capiteux).

Color o robe: Rubí, ambarino, limpio, vivo, brillante, suntuoso.

Con azúcar: licoroso, abocado, dulce o seco.

Olor: afrutado, perfumado, fino, aromático.

Vinosidad: robusto, embriagador, tiene cuerpo, generoso, con nervio, vivo, picante o mouessillant, charnú o carnoso.

Defectos: un vino puede ser áspero, ácido, astringente, acerbo, o común.

Color: cargado de color, depurado, de color velado.

Vinosidad: frío, soso o desvahído, pique, torcido.

Azúcar: duro, crudo, pastoso, agridulce

Olor: insípido, apagado, maderizado, olor a corcho, basto, depouillé.

Champañas

Las champañas vienen de Reims del Vallée del Marné, no siempre de la región de la Champaña. Las champañas son Brut - muy seca, Sec: ámbar clara seca - Demi-Sec - dulce.

Marcas famosas: Veuve Clicquot Ponsardin, Taittinger, Cuvée Dom Perignon, G.H.Mumm & Co., Mercier, Perrier-Jouet.

Cognac o brandy: Resulta de un proceso distinto al del vino ya que es la destilación del jugo de la uva. Francia, España e Inglaterra son los países productores y distribuidores de estos licores. Los nombres de Cognac, "Armagnac" y "Polignac" vienen de las regiones francesas donde se destilan. Algunas marcas más famosas son:

Francia: Remy Martin V.S.O.P. - Chatelaine V.O.- Chatelaine *** - Napóleón V.S.O.P. - Armagnac - Polignac.

España: Brandy Soberano de González Byass - Pedro Domecq.

Inglaterra: Hennessey V.S.O.P.

Eau de vie o aguardiente: Chartreusse Kummel - Grand Marnier - Curacao - Cherry Brandy - Anisette - Calvados.

Hay vinos aperitivos que pueden o no ser producto de la fermentación de uvas y se toman antes de las comidas. Los más conocidos son: Jerez, Vermouth Rojo y Blanco, Dubonet y otros.

Los jereces pueden servirse fríos o al clima, los vinos vermouth al clima, y el Dubonet en copa baja y ancha; se adorna con corteza de limón.

Los vinos acompanan

Ostras y mariscos fríos con blancos ligeros o champaña Brut.

Ostras y mariscos calientes con vinos abocados.

Pescados y crustáceos en salsa con vinos tipo Sauterne. Pescado frito o hervido con vinos blancos secos.

Hors d'oeuvres o entremés: Blancos, rosados, rojos o champaña.

Paté de hígado de ganso trufado con champaña Brut.

Entradas de hongos, caviar vino Clarete o champaña.

Aves, asados sin salsas con vinos rojos ligeros, vinos del país o con champaña. Si estos asados tienen salsas de vino, el mismo vino puede acompañarlos. Si el ave es a la crema puede tomarse vino rojo o blanco. Pato a la naranja, vino rojo.

Aves como codornices, pichones, faisán, pato salvaje, vinos rojos ligeros tipo beaujolais.

Carnes de res, ternera, cerdo, cordero vinos rojos fuertes.

Carnes blancas con un rosé tipo arbois.

Quesos como Gorgonzola, Roquefort, Stilton o Azul: vinos tintos, robustos y bien equilibrados.

Queso como Camembert o Brie: vinos tintos menos fuertes.

Otros quesos como Gouda, Port-Salut, Cantal: vinos blancos o tintos robustos.

Quesos de cabra y otros quesos secos: vinos ligeros o del país de origen del queso como Bel Paese con Chianti.

Los quesos fundidos con vinos blancos, rosados y tintos ligeros.

Con los "Fondues" y "Raclettes" suizos y con los souflés de queso se tomarán con el mismo vino que ha hecho parte de la receta.

Pastelería, galletas dulces, petit fours: vinos dulces naturales como el Moscatel o el Marsala.

Legumbres, frutas, alcachofas, ensaladas y sopas se acompañan con agua.

Página anterior

*Almuerzo a la orilla del mar,
resuelto de manera sencilla y
muy original. Plato de sitio de
carey con bordes de plata;
conchas de nácar; copas
italianas, cubiertos* art noveau

*Cristalería de mesa: de izquierda
a derecha, copa de agua, copa
flauta de champaña, copa de vino
tinto y copa de vino blanco.*

*Otro juego de copas de vino, que
contiene: copa flauta de
champaña, copa de agua, copa de
vino tinto, copa de vino blanco y
copa de jerez.*

Instrumentos de bar:

1. *Balde de hielo*
2. *Mezclador y colador de
cocteles*
3. *Coctelera*
4. *Medidor de tragos*
5. *Pala para manipular
aceitunas, cerezas, rodajas de
limón, etcétera*
6. *Descorchador y destapador*
7. *Exprimidor de limón*
8. *Cuchara coladora*
9. *Cuchara para revolver*
10. *Otro modelo de destapador
de botellas a presión*
11. *Picador de hielo o martillo*
12. *Tenazas para triturar*

Diversos cocteles, de izquierda a
derecha:
 1. Piña colada
 2 y 3. Vasos cortos para whisky
y vodka en las rocas
 4. Copa de vino blanco de
Borgoña
 5. Copa para martini
 6. Copa para cognac

 7. Daiquiri o margarita servido
en copa de champaña
 8. Coctel manhattan servido en
copa de coctel
 9. Vasito para aguardiente o
tragos fuertes
10. Copa de brandy
11. Jarro cervecero
12. Cuba libre servida en vaso

La hora del té

Mesa dispuesta para un té de doce personas. Mantel de Palma de Mallorca, porcelana japonesa, cubiertos vermeil, *galleteras inglesas de plata (1850), cesta de plata victoriana, centro de mesa francés de plata.*

La gran etiqueta indica ofrecer primero un vino blanco, luego un tinto ligero y otro rojo superior, el cual se reserva para el queso y luego champaña.

Temperatura de los vinos

Vinos blancos secos: bien fríos.
Vinos blancos licorosos: menos fríos.
Vinos rosados: bien fríos.
Vinos rojos ligeros: al clima.
Vinos rojos fuertes: un poco tibios o chambrée.
Calentar un vino no es ponerlo cerca de la estufa o en agua caliente, es simplemente dejarlo en la cocina un buen rato, pero lejos del fogón. La champaña se sirve bien fría.
Los vinos rojos se abren o descorchan diez minutos antes de servirlos. Si tienen algo de "sedimento" se deben decantar con mucho cuidado en una garrafa o botellón.

Cómo se sirve el vino

La botella se agarra con la mano derecha sin cogerla ni demasiado abajo, ni por el cuello. Se debe servir con el antebrazo estirado y girando la mano ligeramente hacia la derecha para evitar derramarlo. Esto requiere de mucha práctica. No se debe apoyar el cuello de la botella en la copa.
El cubo o balde con hielo es indispensable para servir la champaña y los vinos blancos y rosados. Es bueno añadirle un poco de agua para que la botella se sumerja hasta el cuello con suavidad. De vez en cuando se le da un movimiento giratorio a la botella. No olvidar que un paño blanco rectangular y doblado en tres debe descansar sobre el cubo y la botella. Este paño se usa para secar la humedad de la botella y para envolverla al servir.
El anfitrión o dueño de casa debe catar primero el vino y asegurarse de que esté perfecto antes de ofrecerlo a sus huéspedes.

Quesos

El queso como el vino viene de la antigüedad y ha sido el compañero de caminantes y pastores de todos los tiempos.
Podemos definir el queso como una "conserva de leche obtenida por coagulación, prensado o acidificación (natural o artificial)". Es el producto de la maduración de la cuajada procedente de la determinada coagulación del cuajo; interviene también la acidificación de la leche pura, de la nata, o de la leche desnatada. Se añaden fermentos, sal, especias y colorantes especiales, según el queso que se desee.

Los quesos se sirven antes del postre o en lugar de éstos. La inmensa variedad que existe se clasifica por países o regiones y ésto nos permite escogerlos según el tipo y la consistencia.

Una tabla de quesos bien servida debe ofrecer tres o cuatro clases de queso, y acompañarlos con con pan o con galletas y hasta con manzanas verdes. Los quesos blandos admiten un poco de mantequilla untada en el pan.

He aquí una lista muy sucinta de algunos quesos:

Quesos duros o de cuchillo: Emmental - Gruyère - Quesos de montaña - Cheddar - Suizo - Provolone - Edam - Gouda - queso de cabra - Manchego

Semiblandos y azules: Roquefort - Azul - Gorgonzola - Tilsitt - Por-Salut - Muster - Bel Paese

Blandos: Camembert - Brie - Liderkranz - Gallego

Otros quesos: Petit Suisse - doble crema

Ver capítulo Arte de la Mesa —Vinos— para saber cuál es el vino apropiado para cada queso.

IV- Reuniones sociales

Invitaciones

Una invitación es la manera amable que emplea una persona para expresar su deseo de atender y agasajar a otra. Por esto el invitado siempre debe recibir con buen ánimo dicha invitación, agradecerla y corresponderla. No quiere decir que tenga que retribuirla en la misma medida, ni enseguida, pero sí, tener en cuenta a su invitante para un futuro no muy lejano.

Quien invita está en la obligación de orientar a sus invitados. Decirles por ejemplo en qué consiste la invitación, si es un almuerzo, a qué hora, el lugar, mencionar quiénes van, cuántos invitados son, si es una reunión pequeña o grande, informal o formal, con motivo de qué o en honor de quién.

También debe sugerir cómo espera que vayan vestidos. Por ejemplo: si es en una terraza y se ofrece almuerzo, pues estarán todos muy de sport; en cambio, si es un restaurante y por la noche, estarán las señoras de traje semielegante o de coctel y los señores de vestido completo, o como se dice, de "saco y corbata".

La persona que invita debe especificar el motivo de la reunión, pues por información errónea algún invitado que se presente sin regalo o no envíe flores, puede sentirse incómodo.

Si las invitaciones se hacen por escrito la redacción será sucinta y dirá algo como:

> Nombre y apellido del señor y Sra.
> Tienen el gusto de invitar a
> a un almuerzo que ofrecerán...
> en su casa el día...
> a las...
> Dirección

Otra fórmula para invitaciones de carácter más informal es escribir a mano una tarjeta de visita corriente así:

> Te invito a almorzar en casa
> a las 12:30 p.m.
> Nombres y apellidos

A veces, cuando las invitaciones son a ceremonias o recepciones numerosas, al pie de la tarjeta impresa especialmente para el evento, se pone abajo a la izquierda "R.S.V.P.", por las iniciales en francés de "se ruega una respuesta".

Las invitaciones hay que hacerlas con la debida anticipación y de acuerdo con el evento. Si es una ocasión íntima, con un día basta. Para una una comida informal, con cuatro a ocho días. Para una comida muy numerosa y formal, con quince días.

Se debe contestar agradeciendo la atención recibida y en la misma forma cordial. Afirmativamente, diciendo "iremos encantados, muchas gracias" o "con mucho gusto iremos". Si hay algún inconveniente insalvable, contestar agradeciendo pero explicando el motivo por el cual no se acepta la invitación. No es correcto contestar en forma ambigua como "te contestaré luego" o "no sé si pueda". Es mejor, si hay algún inconveniente, contestar excusándose.

Si la reunión es en honor nuestro se deben enviar flores a la dueña de casa. Es costumbre entre amigos que el invitado lleve algún presente como unos dulces o un buen vino.

La manera más práctica para aplazar una invitación o anulárla, es por teléfono o telegrama. Se puede decir algo como: "Esperamos que Ud. pueda venir a comer el sábado 8 en lugar del miércoles 4 como habíamos quedado. Rogamos disculpe el aplazamiento. Le saludamos cordialmente —nombres y apellidos—.

Cuando la invitación es impresa siempre se responderá en tercera persona "le agradezco", mientras que una sencilla tarjeta de visita o una llamada telefónica se responderá con palabras amables y cordiales.

No hay regla especial para responder a las invitaciones hechas de viva voz. Corrientemente se dice lo mismo que en las anteriores: "Con mucho gusto iré, muchísimas gracias".

A las invitaciones por escrito, ya casi no se usa responder en la misma forma; basta con hacer una llamada telefónica aceptándola o rechazándola.

Por regla general las fórmulas para rechazar una invitación son muy parecidas a las que se emplean para aceptarlas; se dice algo como "se lo agradezco mucho pero tengo otro compromiso". "Cuánto lo siento". Todo depende del grado de confianza que haya entre la persona que invita y quien es invitado.

Son excelentes excusas siempre los acontecimientos familiares como matrimonios, bautizos, la llegada de un familiar muy cercano. Un duelo familiar es un motivo absolutamente legítimo.

Cualquier situación comprensible y convincente es válida porque de lo que se trata es de no herir a la persona que ha tenido la amabilidad de invitarnos. Cuando se invita de viva voz, hay que tener mucho cuidado de no hacerlo delante de otra persona a la que no se piensa invitar. Sería descortés. Es una falta de educación por parte de la persona invitada hacer alusión ante otras personas acerca de una invitación, si no se tiene la seguridad de que éstas también han sido invitadas.

Hay que ser muy claros en las invitaciones de viva voz. Que no se hagan de un modo vago como "el domingo tengo un almuerzo...".

Se debe ser muy claro y conciso en cuanto a quien se dirige dicha invitación, decirle la hora, el lugar, el día y el motivo.

Un anfitrión o una dueña de casa, al reunir cierto número de personas necesariamente estarán juntas, debe tener en cuenta afinidades e intereses comunes. En ningún caso invitar a personas que se sabe no están en términos cordiales.

Hay que hacer la lista de invitados con mucho tacto y prepararla con la debida anticipación para no cometer errores. En vez de un agradecimiento de parte de los invitados pueda resultar un resentimiento a veces difícil de olvidar.

La puntualidad es uno de los elementos más importantes en las invitaciones y ella pregonará nuestra buena o poca educación.

Los invitados deben procurar llegar dentro de la media hora posterior a la hora fijada, nunca antes. Los anfitriones sí deben estar a la hora en punto.

Las invitaciones pueden ser muy variadas. Desde un desayuno de negocios hasta una comida formal. O desde una sencilla invitación a cine hasta el envío de unas boletas para asistir a un partido de fútbol. Siempre hay que agradecerlas.

Desayunos

Desayuno para un huésped en casa

Hay que preguntarle a qué hora acostumbra tomarlo y se le informa a qué hora se reúne la familia a desayunar dejándole la opción de escoger. También se pregunta si toma té, café o chocolate, un jugo de fruta o un pedazo de fruta, si desea huevos, cómo le gustan, y ofrecerle una o dos clases de pan, mantequilla, mermeladas o quesos.

En nuestros países, si el huésped es un antioqueño, es un bonito detalle brindarle arepas.

Para información sobre desayunos de bodas, aniversarios, primeras comuniones, bautizos, favor consultar capítulo de Ceremonias y Acontecimientos.

Los almuerzos son la forma más empleada para hacer invitaciones de negocios, para celebrar un acontecimiento, para agasajar a alguien o simplemente para reunir un grupo de amigos o para corresponder atenciones.

Almuerzos

Un almuerzo en casa en un día festivo (si puede prolongarse la hora para invitar) puede convocarse entre las 12:30 y las 2:00 p.m. Los anfitriones deben calcular poder servir, ya sea sentados a la mesa o con buffet una o dos horas más tarde. Si es una reunión numerosa es correcto ofrecer pasabocas y bebidas antes de pasar a la mesa.

Los almuerzos típicos, de barbacoa o parrillada son informales. La vestimenta depende del lugar, o sea si es en una casa de campo, en una casa cerca a la playa o en una terraza descubierta.

Los *picnics* o meriendas en el campo requieren platos, vasos, servilletas y demás utensilios desechables: la persona que organiza estas reuniones debe estar pendiente de no dejar regados desperdicios, sino tener listas bolsas de basuras para recoger todo lo usado.

Cuando los almuerzos son de ceremonia, como para celebrar una boda, un cumpleaños o para agasajar a alguien importante, requieren de las mismas reglas de etiqueta que para las invitaciones formales, en cuanto a la anticipación de hora, lugar y fecha.

El atuendo apropiado para estas ocasiones depende del lugar, del clima y de ciertas costumbres locales.

La hora del café

Dos mil años antes de la era cristiana, por las tierras africanas, se descubrió por casualidad un arbusto que daba un hermoso fruto de sabor excitante que al tostarlo y prepararlo en infusión produjo una maravillosa bebida: el café. Sin embargo, africanos, árabes, persas y cristianos del Cercano Oriente se disputan hasta nuestros días ser sus descubridores.

Los musulmanes, desde el tiempo de Mahoma comenzaron a tomarlo como sustituto de las bebidas alcohólicas que le prohibía el Corán. Lo toman en reuniones sociales y hasta en ceremonias y ritos religiosos.

La costumbre universal de tomar café ha contribuido para que éste sea un factor importante de la vida social y económica en muchos países.

El café contiene cafeína pero en pequeñas dosis. Una taza de chocolate o té contienen la misma cantidad de cafeína.

El café se ha convertido en una necesidad de la vida cotidiana. Estimula, da encrgía y predispone al trabajo al madrugador que se desayuna con una taza humeante de oloroso café.

Colombia comparte con Brasil el puesto de primer exportador de café entre los países productores. Además Colombia produce un "café suave" único en el mundo.

En nuestro país se recogen dos cosechas al año, una grande y una segunda más pequeña llamada "mitaca". Sin embargo, se recoge café todo el año y la época de cosecha varía según la región.

El grano de café es sometido a un tratamiento de humedad para descascararlo: se fermenta para quitarle la capa viscosa que lo cubre y que no es soluble en agua, y luego se lava con agua fresca corriente. El grano es secado al sol.

Los nombres del café de exportación colombiano dependen de sus categorías: el Supremo es el mejor, luego el Excelsior, Excelso Especial de Consumo y por último el Pasilla, de calidad inferior a los otros y que se deja para el consumo interno del país y de los cultivadores en sus regiones.

La degustación del grano consiste en tomar muestras de diferentes sacos o costales, molerlo y prepararlo para que una legión de expertos juzgue qué sacos son aptos para la exportación.

Actualmente nuestro mejor comprador es Estados Unidos, que también tiene el mayor número de consumidores de café del mundo.

Desde tiempos inmemoriales empezaron a aparecer en las grandes ciudades sitios especiales para consumir café. Así se hicieron famosos en toda Europa desde el antiquísimo Procope de París hasta el actual Café de la Paix.

Hay distintas maneras de preparar el café y el gusto de cada persona tiene que ver con la manera como se lo dieron a uno en la infancia.

El utensilio especial para hacer buen café es la greca o cafetera hechas en distintos materiales: metálicos, cristal o faenza.

Consisten en dos recipientes que van uno encima del otro y unidos por medio de un filtro que puede ser del mismo metal o de papel llamado Melita.

Preparación de un buen café

Café corriente hecho en greca también llamada percolador: se pone a calentar el agua en el recipiente de abajo, se acomoda el recipiente del filtro, el cual debe tener ya el café tostado y molido (se recomienda café con molienda gruesa), se tapa el recipiente, se espera a que el agua hierva, para que entre en contacto con el café y así obtener la bebida del café, pasados seis (6) minutos retirar la cafetera del fuego, servir enseguida. En esta cafetera se miden tantos pocillos de agua por cada cucharada colmada de café. ¿Cómo lo hacen los campesinos en nuestros países? Se pone el agua a calentar en una olleta alta, se le agregan las cucharadas de café molido calculando una cucharada sopera colmada por taza, se deja subir a borbollones y se retira del fuego enseguida.

Se recomienda medir el agua a utilizar, teniendo en cuenta una cucharada sopera de café por pocillo de agua, calentar el agua hasta hervir en un recipiente, aparte medir el café y depositarlo en otro recipiente y agregar el agua caliente con movimientos circulares sobre el café tostado y molido, tapar el recipiente, esperar unos minutos hasta asentar el café y consumir inmediatamente.

Otra manera de preparar el café en algunas regiones de nuestro país es con un colador de tela. Se echa la medida de café en el colador de tela, por aparte se pone a calentar el agua y al hervir se vierte sobre el café para colarlo.

La hora del café

El noble grano del café permite preparar, entre otros (de izquierda a derecha): helado de Moka; torta de café; capuchino y expresso y nuestro colombiano tinto. Se acompaña con servicio de plata para café (dos cafeteras, cremera y azucarera), galletas, crema, bizcochos, etcétera.

Una presentación del círculo de la taza de oro.
Federación Nacional de Cafeteros de Colombia.

Gran protocolo

Arreglo de mesa para comida de
gran gala en la casa
presidencial o Palacio de Nariño
en Bogotá. El menú se
componía de jaiba gratinada
como entrada, consomé con
hojas de oro, suprema de pato
en salsa de guayaba,
habichuelas con tocineta, coliflor
gratinada, papa Williams y
mousse de guanábana.

▲

Juego de café de Tiffany,
estilo art noveau, y pocillos de
porcelana moderna, de la
misma marca. Incluye dos
cafeteras, cremera, bandeja y
galletera de plata, azucarera
y servicio para seis personas.

Se recomienda no reutilizar el café en el filtro, no hervir la bebida y consumirla inmediatamente.

Café italiano: Se hace en grandes grecas a vapor, con un café oscuro y retostado. Es fuerte y se toma en pequeñas dosis. El famoso café expreso se prepara con una infusión muy concentrada cuya receta nació en Italia.

Café turco: café molido muy fino y dos cucharadas de azúcar y el equivalente a dos tazas de agua fría. Se deja subir una vez, se retira del fuego y se repite por tres veces esta operación.

Antes de servirlo se le añaden unas gotas de agua fría para precipitarlo al fondo.

En nuestro país se sirven tres cuartos de taza de leche caliente y un chorrito de café bastante negro. En otros países se toma una gran taza de café a la que se agrega un poco de crema o de leche.

La etiqueta del café

Se sirve al desayuno con leche caliente o crema, tostadas, pan, mermelada y mantequilla.

Durante el día, se sirve en tazas pequeñas lo que se llama un "tinto" y es la manera amable y acogedora de atender un amigo o visita y reunirse a conversar. En el resto del mundo la costumbre es tomarlo a cualquier hora del día en taza grande, negro, no muy cargado.

Otras recetas de café

Café Bulot.

Para dos tazas de café:
2 cucharadaditas de Cognac - 3 de Curacao
2 clavos de olor
1 raja de canela
un poco de ralladura de naranja
un poco de ralladura de limón
2 cucharadas de azúcar
2 tazas de café fuerte y bien caliente

En un perol de cobre, calentar la canela, el cognac, los clavos, las ralladuras de naranja y limón y el azúcar y mezclar todo. Flambear con cuidado porque la llama trata de subir, mezclar los ingredientes hasta que se disuelva el azúcar. Añadir poco a poco el café hasta que deje de flamear. Se sirve en tazas especiales de porcelana blanca. Fue hecho célebre por el Restaurante Brenan de New Orleans. Se puede adornar con crema Chantilly.

Cómo debe sostener una taza una mano femenina

Cómo debe sostener una taza una mano masculina

Café Cubano.

En una greca pequeña de aluminio echar en el recipiente de abajo agua a la medida y siete cucharaditas de azúcar de caña; el recipiente de arriba rellenarlo hasta el tope de café molido de tipo retostado y oscuro. Se pone al fuego, se deja subir y bajar lentamente. Servir inmediatamente.

Café Irlandés o Irish Coffee.
Para dos copas:
2 cucharaditas de azúcar de caña
4 cucharadas de whisky irlandés
1 1/2 tazas de café fuerte bien caliente
Crema fresca

Recalentar las copas con agua caliente del grifo y secarlas bien. Poner una cucharadita de azúcar, dos cucharadas de whisky y en cada copa rellenar con el café bien caliente.

Revolver hasta que se disuelva bien el azúcar. Echar con cuidado la crema fresca en cada copa para que permanezca en la superficie porque el Irish Coffee debe tomarse a través de la crema.

La hora del té

Esta costumbre de tradición inglesa es muy apropiada para congregar un grupo de amigas, agasajar a un viajero de paso o para una despedida de soltera. La hora es entre las cinco y las seis de la tarde. El lugar puede ser en casa, en un hotel, en una pastelería o salón de onces o en un club. Duración máxima: Dos horas.

Las invitaciones se hacen con la misma anticipación que para almuerzos o comidas informales, a menos que se trate de una despedida de soltera, en cuyo caso se invita acorde con la fecha de la boda, o sea quince días antes de ésta.

Esta es una reunión muy apropiada para que las damas luzcan ropa de calle elegante. En los climas cálidos, vestidos frescos livianos, de lino o en estampados de seda, en los climas templados o fríos un sastre sport o un vestido camisero en colores de moda.

También la hora del té es apropiada para reunir personas que tengan que comentar o decidir un negocio y se acostumbra reunirse en un "pequeño salón de té" cerca de la oficina. Se usa un servicio de té clásico a la inglesa, que no comprende sino té con crema o con limón, tostadas, mantequilla y mermelada.

Para una despedida de soltera el menú es más elaborado. Se sugiere un primer plato frío o caliente, luego el té con pastelería y bizcochos, canapés pequeños, galletas y bocaditos recubiertos de chocolate o pastillaje (petit fours), y para terminar un postre que puede ser algo liviano, ya que ahora todo el mundo se cuida de excederse en la cantidad de dulce.

Es el momento en que la anfitriona lucirá su mejor vajilla de té.

El servicio de té puede ser de plata, plata inglesa, porcelana, cerámica o cualquier otro material bien trabajado. La mantelería será de telas delicadas como olán de lino. Los colores de estos manteles serán pálidos o pasteles o con arreglos florales; es decir, todo un conjunto que exalte el gusto y el arte de la anfitriona.

En las tardes, en nuestras ciudades de climas templados y fríos, es muy agradable una taza de té. Hay sitios especializados en este servicio, denominados Salón de Onces o Salón de té.

Cuando son pocos invitados en casa, sentados en un salón alrededor de una mesita de té, es un detalle amable que sea la dueña de casa la que sirva el té, preguntando a cada uno cómo lo quiere: si con crema, con limón o con más agua caliente. El servicio de té se coloca en dicha mesita.

La hora del coctel

Los cocteles son reuniones prácticas porque se puede invitar a muchas personas populares en el mundo de los negocios. Esto se debe a que en un tiempo relativamente corto y en un lugar, a veces no muy espacioso, se puede atender a un mayor número de personas.

Son reuniones de etiqueta menos estricta, de horario determinado para que los invitados sepan que dentro de él pueden llegar, saludar a los dueños de casa, tomar uno o dos cocteles, conversar con algunos amigos, conocer otros, cambiar impresiones y al cabo de media hora o más, si tienen otro compromiso, irse. El límite fijado puede ser de seis a ocho, de siete a nueve o de ocho a diez, y se pueden prolongar una hora más de la indicada.

Cómo comportarse en un coctel

Hay que primero localizar a los anfitriones para saludarlos y luego se circula entre los distintos grupos que se van formando permaneciendo con cada uno un tiempo prudencial sin tratar de monopolizar a determinadas personas. Los anfitriones siempre pendientes de los que llegan también van de grupo en grupo.

Cuando es una reunión improvisada a la hora del coctel el dueño de casa simplemente abre el bar y atiende.

Es la reunión que más utilizan las grandes compañías para hacer sus relaciones públicas. También se dan para celebrar asuntos de índole comercial o cultural, inauguraciones, antes de un gran baile o ceremonia, corresponder atenciones o presentar a alguien, un artista, un amigo o un personaje.

Cuando es un coctel numeroso y elegante, las invitaciones se hacen por escrito, ya sea en tarjetas impresas para el evento e indicando el motivo. Estas tarjetas no requieren de las iniciales R.S.V.P. (Se ruega una respuesta).

Cuando se invita a casa y por escrito se usa la tarjeta de visita, escrita a mano por el anfitrión o anfitriona, o se usan esquelas impresas dobles que llevan en la solapa el nombre o los nombres de la persona que invita y adentro un formato preimpreso, el cual se llena de acuerdo con la invitación que quiera hacerse. Por ejemplo:

Nombre y apellido del señor y Sra.
Tienen el gusto de invitar a _____
a _____
Hora _____
Lugar _____
Fecha _____

Cuando es un coctel buffet o mostrador, se arregla una mesa muy bien puesta, con un centro floral y bandejas decoradas, en donde se ofrecen diversos platos fríos y calientes, canapés, pasabocas, etcétera. Habrá cerca platos, tenedores y servilletas medianos. Cada invitado llega y escoge sus bocados favoritos.

Al mismo tiempo se envían los sirvientes a circular por entre los invitados brindándoles bebidas y pasabocas. Estos pasabocas se toman con la mano, o con palillos y trinchitos especiales.

Esta es la reunión para lucir las damas un vestido elegante de tarde o de coctel, o un sastre en telas suntuosas como terciopelo, brocado o satín, guantes si están de moda, joyas y un buen peinado.

Cuando lo dicta la moda, las damas llevan pequeños sombreritos o adornos de cabeza que complementan este atuendo.

Los caballeros vestirán traje oscuro de calle, camisa y corbata a tono o contraste con el vestido.

Qué bebidas se sirven

Vino blanco tipo Borgoña en copa y bien frío, Scotch whisky con soda o agua o sobre hielo, Martinis, Tom Collins, Daiquirí, Margarita, Manhattan, Jerez y otros vinos aperitivos, Royal Kirk, bebidas sin alcohol, jugos de frutas y gaseosas.

Las bebidas se pueden preparar en el bar o en una mesa en donde se tendrán todos los elementos para preparar los cocteles.

Buffet

A Cubiertos - platos
B Servilletas
C Plato principal
D Otro plato principal
E Acompañamiento
F Acompañamiento
G Panecillos
H Platos y cubiertos para postre
I Servicio de agua - jarras
J Servicio de vinos y copas
K Cafetera - tazas - azúcar - crema

116

Los implementos necesarios son:
Coctelera.
Hielera.
Pinzas para hielo.
Jarras.
Un vaso grande graduado en el que se preparan las mezclas.
Cuchara mezcladora.
Abrelatas.
Exprimidor de limones.
Sacacorchos.
Medidores.
Destapadores.
Triturador.
Licuadora.
Coladores.
Servilletas para coctel.
Pitillos.
Bandejas.
Raspador para nuez moscada.
Raspador para hielo.

Licores:

Whisky.
Ginebra.
Vodka.
Ron.
Aguardiente.
Jerez.
Vinos blancos secos.
Champaña.
Oporto.
Brandy.
Vermouth rojo y blanco.
Cremas de menta, cacao o café.
Dubonet.
Kirk.
Grand Marnier.
Cointreau.
Triple Sec.

Ingredientes:

Gotas amargas o de Angostura
Salsa picante
Granadina

Sal
Azúcar
Limones
Cerezas
Cebollitas
Aceitunas
Jarabe
Salsa inglesa
Pimienta
Crema de leche
Jugo de limón
Jugo de naranjas
Canela en polvo
Claras de huevo
Jugos de tomate, piña y naranja
Agua mineral - Ginger ale
Agua tónica
y demás mezcladores - gaseosas.

Cristalería:

Vasos cortos y largos.
Copas de coctel y de vinos.
Aperitivos blancos y rojos.
Copas de champaña.
Vasos pequeños para ron, aguardiente o licor.
Hay que calcular por lo menos dos vasos, dos copas y un plato mediano por persona. Pasabocas, entremeses y bocaditos tres por persona.

Recetas de cocteles más famosos

Dry Martini: Muy seco
2 onzas de Ginebra
Gotas de vermouth blanco seco
1 aceituna
2 gotas de Angostura
Hielo
Agitar bien en la coctelera, colar, enfriar y servir o con una rajita de limón o una aceituna en copa de martini.

Manhattan: Semiseco
1 1/4 onzas de bourbon o whisky
3/4 de onza de Vermouth rojo italiano
2 gotas de Angostura
Hielo

Agitar bien en la coctelera y servir helado con una cereza marrosquino en copa de coctel.

Tom Collins: Semidulce
1 1/4 onzas de ginebra
1 onza de jugo fresco de limón
1/2 onza de jarabe natural
2 gotas amargas
Soda y hielo
Se mezcla, se sirve en vaso largo - pitillo y se decora con una cereza.

Whisky Sour: Semidulce
1 1/4 onzas de whisky o bourbon
1 onza de jugo de limón
1/2 onza de jarabe natural
1 rodaja de naranja
1 cucharada de clara de huevo
Hielo frappé
Se bate en coctelera, se cuela y se sirve en copa de coctel. Se adorna con rodaja de naranja y cereza.

Piña colada: 4 onzas de jugo de piña
1 1/4 onzas de ron blanco
1/2 onza de crema de coco
1 cucharadita de crema de leche
Hielo frappé
Se mezcla y se sirve en vaso largo y se decora con un triángulo de piña.

Cuba Libre: 1 1/4 onzas de ron blanco
1 rodaja de limón
1 cucharada de jugo de limón fresco
Coca-Cola y hielo
Se mezcla y se sirve en vaso largo con palito agitador. Se decora con una rodaja de limón.

Alexander: Semidulce
1 1/4 de onzas de brandy o coñac
3/4 de crema de cacao
1 onza de crema fresca
Hielo frappé
Agitar quince segundos, colar y servir en copa de champaña. Espolvorear con canela y pitillo.

Con qué se acompañan

Toda clase de pasabocas, canapés, bocaditos de sal, los famosos dips que son cremas o salsas fuertes en las cuales se untan papas fritas, rosquitas de maíz, plátano frito, tallos de apio, palitos de zanahoria cruda, etc.

No es aconsejable ofrecer más de tres clases de cocteles en una reunión porque sus efectos pueden ser demasiado eufóricos o dañinos.

Una botella de Whisky sirve: 22 tragos
Una botella de Vodka sirve: 22 tragos
Una botella de Vino tinto: 8 copas
Una botella de Vino blanco: 9 copas
Una botella de Champaña: 9 copas

Invitar a comer es un gesto de cortesía. Una comida puede ser familiar o de amigos, informal, formal, con motivo de algo o por el deseo de reunir un grupo de amigos ya sea en casa, en un restaurante, club u hotel.

Comidas

Comida íntima

La comida de una pareja es la ocasión para que él o ella expresen su deseo de agradar. Una mesa bien puesta con candelabros y música ambiental, y un menú bien escogido pensando en el gusto de su pareja, es sin duda la ocasión para conocerse o afianzar sentimientos.

La manera de vestirse la sugiere el que invita y puede ser desde una vestimenta muy casual o sport hasta el smoking para él y un elegante vestido de coctel o largo para ella.

La comida familiar o para amigos muy queridos no debe ser muy numerosa. De ocho a doce invitados. Un grupo reducido hace un ambiente acogedor y no implica mucho trabajo para los anfitriones. Un menú sabroso y sencillo, una mesa bien puesta pero sin ostentaciones. Generalmente se ofrece solamente agua o un vino con la comida.

Estas invitaciones se hacen por teléfono con uno o dos días de anticipación y la anfitriona sugerirá cómo deben ir vestidos, la hora es más bien temprano en la noche. El lugar, la casa, un restaurante pequeño o un reservado en un club privado.

Se considera más atención invitar a la casa que a un restaurante o club aunque éstos impliquen un gasto mayor. Una comida es preferible a un almuerzo porque permite una sobremesa más larga. Los japoneses no acostumbran a invitar a sus hogares.

Buffet *para coctel adornado con original arreglo en verduras y frutas. Centro de mesa de porcelana antigua. Vajilla Limoges, candelabros de plata antigua, obi persa (tapiz). Pasabocas de caviar, trucha ahumada y ostras.*

De izquierda a derecha, Alexander,
en copa de champaña, Tom Collins
en vaso mediano y Martini Seco
en copa de coctel.
El Alexander preparado con crema de
cacao, crema de leche, brandy y
espolvoreado con canela.

Tres cocteles clásicos. De izquierda
a derecha, Sangría, Old Fashion
y Bloody Mary.
La sangría se prepara con jarabe,
una copita de jugo de limón,
una de brandy, soda y dos copas
de vino rojo. Para obtener
las franjas de color, mezclar
en ese orden, no revolver
y presentar con pitillo. Cuando se
prepara en jarra, se agrega
corteza de naranja y trozos de
fruta como mango o durazno.

No es aconsejable invitar mucha gente a una comida si la casa es pequeña. A veces las personas resuelven hacer una sola comida para corresponder múltiples atenciones que han recibido y resulta una reunión con poco ambiente por ser demasiados los invitados o porque no son muy afines. Es mejor hacer varias comidas escogiendo los invitados afines entre sí.

La comida informal

Las invitaciones a una comida informal se hacen por teléfono o en tarjetas en las que se habrá dejado en blanco el lugar para escribir a mano el nombre del invitado. Los dueños de casa vestirán traje de tarde o de coctel según las costumbres locales o como sugiera la dueña de casa. Para las damas un vestido de seda en color unido o en estampados neutros es lo más indicado.

Los caballeros usarán vestido completo claro u oscuro según el clima. La guayabera se usa mucho en la costa.

Si son muchos los invitados es necesario tener más de un sirviente, quien recibirá las órdenes primero para atender a los invitados con los aperitivos y luego al pasar a la mesa.

Está muy de moda presentar un buffet no muy elaborado y preparar mesas de cuatro, seis y hasta ocho personas en las cuales los comensales encontrarán el servicio de copas y cubiertos y estarán adornadas con pequeños centros de mesa, velas encendidas, figurillas u otros objetos decorativos.

Comida formal

Los invitados recibirán la invitación por teléfono o por tarjetas como las de las comidas informales.

Las damas irán de traje de coctel de telas suntuosas y los caballeros vestirán de smoking y corbata negra. Este es el tipo de comida que más usa el cuerpo diplomático.

La mesa o las mesas estarán dispuestas con lujo de detalles: mantel blanco bordado o con encaje, plato de sitio, vajilla fina, cubiertos de marca, cristalería de cuatro copas, centro de mesa muy decorado y candelabros.

El menú, colocado delante de cada puesto sobre cartulina blanca decorada en la forma más sencilla posible. Hay anfitriones que redactan este menú en francés. La medida de esta cartulina suele ser 14 centímetros de alto por 10 centímetros de ancho.

Esta etiqueta de la mesa es la misma para los banquetes y otras ceremonias.

Para pasar al comedor ya sea sentados a la mesa o para servirse del buffet, primero: el dueño de casa invitará a la invitada de honor y luego seguirán las parejas de comensales, cerrando la marcha la dueña de casa con el invitado de honor.

Los caballeros deben retirar la silla a su dama, acomodarla y esperar a que todas las damas estén sentadas para ellos proceder a sentarse.

En las comidas pequeñas no es necesario que los caballeros lleven del brazo a las señoras al comedor.

Gran protocolo

Tanto en los banquetes como en estas comidas formales y de etiqueta se da en un sobre al caballero el nombre de su acompañante para que se dirija a ella y la conduzca a la mesa; siempre es su compañera de la derecha. Estas tarjetas la reparten el sirviente, el maître o el mayordomo jefe. Es costumbre colocar en una gran cartulina o pergamino colocado a la entrada del comedor sobre una mesita un diagrama con los nombres de cada invitado. Así éste sabrá qué puesto le corresponde.

La mesa para una comida formal debe tener tantos cubiertos como lo exija el menú en su orden afuera hacia dentro del plato, copas a la derecha o frente a cada puesto.

La habilidad de un buen anfitrión consiste en: sentar siempre alternando damas y caballeros, un buen conversador al lado de quienes saben escuchar y que una personalidad importante interese a todos.

La precedencia comienza por los anfitriones o dueños de casa ya sea la mesa cuadrada, rectangular, ovalada o redonda. La dueña de casa o anfitriona se sienta en una de las cabeceras de la mesa o en el centro de la misma teniendo en frente al anfitrión. El invitado de honor o de más importancia o de mayor edad se sienta a su derecha y a su izquierda otro caballero. El dueño de casa o anfitrión se sentará en la otra cabecera y situará a la invitada de honor, dama de mayor importancia o de mayor edad a la derecha. Generalmente esta dama es la pareja del invitado de honor. A su izquierda se sienta otra dama.

En las comidas en casa, la anfitriona procura elegir la cabecera próxima a la puerta por donde vienen los criados con las viandas o para que le quede más fácil levantarse hacia la cocina.

En las comidas formales y en los banquetes es correcto señalar el puesto de cada invitado con una tarjeta tamaño visita escrita a mano, la cual se coloca frente a cada puesto.

Para lograr alternar un caballero con una dama es conveniente seguir la siguiente regla: en mesa de cuatro o múltiplo de cuatro, siempre hay que colocar el mismo sexo en las cabeceras. En ese momento la dueña de casa cede su puesto a su invitado de honor sentándose ella a su izquierda, y así siempre quedará el invitado de honor a la derecha de la dueña de casa.

Cuando se invita hay que advertir si es "sentados a la mesa", así, el invitado entenderá que sólo una fuerza mayor puede excusarlo de no asistir, una vez aceptada la invitación, porque hay un cubierto reservado para él.

Una invitación para "sentar a la mesa" a doce personas o más requiere invitar con ocho días o más de anticipación.

A una invitación a comer los comensales deben llegar máximo media hora después de la hora fijada, nunca antes.

Los invitados más fáciles de situar son los grupos de seis y diez. Cuando no hay número igual de caballeros y damas, inevitablemente se tendrá que situar dos caballeros juntos y dos damas juntas o más. Lo mismo cuando son números impares.

Excepciones. Los anfitriones ceden sus sitios ante un invitado de mucha importancia, por ejemplo ante el Presidente de la República, ante un Ministro de Estado o ante una persona muy mayor a quien se quiera hacer este homenaje. En estos casos su pareja tendrá la misma regla de precedencia.

Otra excepción es cuando se aplica la regla de los cuatro y múltiplos de cuatro. Generalmente la dueña de casa cede su puesto al invitado de honor y se sienta a su izquierda. La razón de esto es asegurar que siempre vaya un caballero al lado de una dama.

Cena

En nuestros países (a menos que sea la cena de Nochebuena o de Año Nuevo) la cena es una reunión sencilla. Se supone que siendo tarde en la noche, once de la noche en adelante, lo que se debe ofrecer es un refrigerio ligero, como sandwiches variados o carnes frías con una ensalada, o un plato caliente, el cual se puede ofrecer en un samovar o chaffing dish acompañado con panes variados.

Si la cena es en casa, se arregla una mesa en el comedor, salón, biblioteca o terraza según el gusto del anfitrión y se pone dicha mesa de manera que los invitados puedan congregarse o alrededor de ella o en forma de buffet permanente. También se ofrece un servicio completo de té, café, chocolate o café negro.

Este tipo de reunión es la apropiada para invitar después de una función de teatro o de un espectáculo deportivo o de un concierto.

Cena de Navidad

En la Costa es muy frecuente una gran cena con baile, ya sea en una casa particular o en un club o en un hotel. El plato importante es el pavo o lechona relleno o los famosos pasteles de arroz.

En el interior en donde es más frecuente celebrar la Navidad en familia, el menú acostumbrado es de tamales con buñuelos, natillas y chocolate.

Otras reuniones

Cumpleaños

El aniversario de nacimiento de una persona se celebra hasta con cena de honor en distintas formas, que van desde la sencilla ceremonia familiar. Felicitar al que cumple, hacerle un regalo y si es costumbre en la familia al final de la comida en honor de él se parte el ponqué con o sin velas y cantando o no las tradicionales tonadillas de cumpleaños. Tambien se puede ofrecer una recepción bailable.

Para los niños su cumpleaños es una fecha muy especial. Celebrárselo es una manera grata de demostrarles cariño. En algunas regiones del país se llama "lunche", palabra que probablemente viene del inglés porque este tipo de fiesta se hace temprano en la tarde. También se le llama "cumpleaños" y se invita, por medio de tarjeticas ya impresas o por teléfono, a las 3:00 de la tarde.

Un "lunche" para niños de uno a seis años. Esta fiesta puede llevarse a cabo en casa, en un restaurante, en un club o en su colegio. Se arregla una mesa con bombas, serpentinas, gorros y en medio de la mesa el pastel o ponqué de cumpleaños. Hay muchos modelos y motivos para escoger. Al llegar los invitados se ofrece un refresco, luego aparecen payasos, magos, títeres o cualquier otra clase de espectáculo infantil. También se hacen rifas y juegos. Se sirve un pequeño plato de sal que puede ser pasta o ensalada de pollo, luego pastel o ponqué y helado. Al salir se le da a cada invitado una sorpresa con el mismo motivo del pastel o pudín y dentro dulces y un pequeño regalito.

En otras regiones del país se celebra en la forma anterior pero omitiendo el plato de sal. En cambio se reparten galletas, dulces y chocolates durante toda la fiesta.

La piñata es opcional. Hay que tener mucho cuidado en los cumpleaños de los niños muy pequeños, para que sean ellos y no los adultos los que se lancen a recoger el botín de la piñata. Esta es una diversión para pequeños.

Para niños de seis a diez años. Se les ofrece pizzas, perros calientes o hamburguesas con refrescos. Como distracción los títeres o una película de acuerdo con su edad. Sorpresas, un regalito a cada uno y chocolates.

Después de los diez años ellos mismos deciden el tipo de celebración que desean, puede ser un almuerzo campestre o alrededor de una piscina con muchas cosas para comer y divertirse.

Las fiestas para la juventud entre los quince y los veinte años dependen del carácter que se les quiera dar. No deben faltar buenas picadas y pasabocas, sandwiches, refrescos, música y algo de licor.

Mesas de juego

Esta es una invitación que tiene su etiqueta y que los jugadores observan con mucho cuidado. Se llevan a cabo en casas particulares o en clubes especiales para juego, como son los Clubes de Bridge.

El ideal es jugar por placer más que por dinero. "Ama más al juego que al premio" dice un refrán. Cuando se juega por dinero o sea "apostando" hay que atenerse a las consecuencias; si perdemos, pagar. En el juego no faltan personas a quienes divierte hacer trampa. Esto no es correcto y es un delito si hay dinero de por medio.

El objeto de este comentario acerca de los juegos de mesa es establecer la cortesía que debe observarse en ellos. En ningún caso pretendemos enseñar a jugar.

Sugerencias de cortesía en el juego

Organizar con tiempo las mesas de juego. No obligar a los invitados a jugar si se nota que no tienen ganas.

Elegir siempre compañeros de la misma categoría o competencia en el juego.

Permitir la revancha al perdedor. No excusarse a última hora si se ha aceptado "cuadrar la mesa", o sea completar el número de participantes.

Nunca se enfade ante la poca suerte.

Juegue por el placer de jugar más que por el de ganar.

No se levante en la mitad del juego si está perdiendo, a menos que sea una fuerza mayor.

Si la persona es novata no debe pedirle a un experto que juegue con él y menos como su pareja.

Algo que incomoda a los jugadores es "el mirón". Si una persona hace esto debe pedir permiso a los jugadores y explicar que desea aprender y pueda observar el juego, pero sin hacer comentario, callado.

Un jugador cortés siempre será un alegre perdedor, un ganador discreto y apreciará la destreza de otros.

Esta regla de buenas maneras puede aplicarse no sólo a los jugadores de bridge, sino también a los jugadores de rummy, poker, veintiuna o cualquier otra clase de juegos.

El jugador debe controlar sus nervios y evitará tamborilear con sus dedos en la mesa, silbar o cantar en susurro su melodía favorita.

En muchos lugares del país se ha establecido por muchos años el juego de canasta o "mesitas", el cual se lleva a cabo en las casas de las jugadoras o en un club. Desde temprano se comunican telefónicamente para "armar la mesa". Se organizan dos o tres mesas y comienzan la partida a las dos de la tarde hasta las seis.

En este tipo de reuniones se ofrece tinto, té o refrescos durante el juego, y si la anfitriona desea hacer una atención tendrá preparado un buen postre o un pequeño plato frío que ofrecerá antes de finalizar el juego.

Tener siempre listo: dos paquetes de naipes en cada mesa, cigarrillos suficientes, ceniceros, libretas y lápices.

No olvidar el agua: de cada ocho personas, cinco desean tomarse un vaso de agua.

Las jugadoras se reparten los sitios con las cartas, es decir "cortan a la suerte".

Cuando se juega bridge en casa el anfitrión debe preparar mesitas auxiliares para los ceniceros, pasabocas como maní o papitas fritas.

Este es un juego que se organiza de tarde o de noche. Si es por la tarde, hacia las cinco se da un té sencillo o muy elaborado.

En caso de ofrecer un buffet no es necesario interrumpir, pues cuando cada jugador se queda "dummy" aprovecha, se levanta y va a servirse.

La pareja en el bridge no se escoge sino que se sortea entre los cuatro jugadores; no así en las competencias a donde cada jugador lleva su compañero.

Cuando se dan premios, generalmente son dos: primero y segundo o dama y caballero (Bridge). El que recibe premio debe abrir el regalo, mostrarlo y admirarlo. En ningún caso dejará notar desencanto por el premio ni dejarlo olvidado.

Paseos, picnics, asados o barbacoas. Favor referirse al capítulo de almuerzos típicos.

Es aconsejable organizar transporte especial para los invitados que no deseen conducir o porque no conocen bien el camino o porque se han tomado unas copas.

V- Ceremonias, eventos

Nacimiento

La llegada de un bebé es una alegría que todos festejamos. Se participa su nacimiento a familiares y amigos por medio de tarjetas o esquelas, a nombre de sus padres, a veces se incluye a los abuelos y hasta con todo su árbol genealógico. La redacción es opcional, como por ejemplo:

Llegué el 2 de Mayo
en la Clínica Marly
a las 9:00 a.m.
Pesé seis libras
Me llamaré Juan Carlos

También es costumbre esperar al bautizo para participar y festejar ambos acontecimientos. Se visita a la mamá y al bebé y regalar algo para su ajuar: un sonajero, una cuchara o un vasito de plata. Es grato también enviar flores a la mamá.

Participación de nuestra hija
Mercedes de los Angeles
Nacida el 2 de Abril de 1989
(Nombre del Padre) y Sra.

Bautizo

Es el primer acontecimiento social en la vida de una persona.

Esta ceremonia de iniciación comprende darle un nombre. La manera de anunciarlo, sea en los periódicos, por tarjetas o por carta, depende de la voluntad de los padres, lo mismo que la categoría de la celebración que se le quiera dar a dicho bautizo.

Las invitaciones se pueden hacer por teléfono o por medio de una nota o tarjeta. Las hay preimpresas, muy bonitas, con algún motivo alusivo al bautizo. Si se envía una nota se mencionará el acontecimiento, el nombre del bebé, la iglesia, la fecha y la hora. Si después del bautizo hay fiesta en casa, el sacerdote que ha oficiado el bautizo debe ser invitado a ella.

En nuestro país los niños son bautizados algunos días después de haber nacido. Tradicionalmente cada niño debe tener un padrino y una madrina o más, los cuales son escogidos entre los familiares más cercanos o amigos muy especiales de la familia.

Los padrinos, de acuerdo con la tradición religiosa, contraen obligaciones morales y económicas con su ahijado. Los padrinos nombrados con anticipación deben asistir a los cursillos que se dictan en la parroquia para instruirlos acerca de estos deberes.

El día del bautizo deben ofrecerle un regalo. En caso de que uno de los padrinos por algún motivo no pudiera asistir a la ceremonia bautismal, puede ser reemplazado por algún miembro de la familia y su nombre quedar registrado como padrino del niño. Es importante que los padrinos pertenezcan a la misma fe religiosa de los padres del niño.

El faldón, faldellín o batón del bebé será blanco, y tan largo como para cubrirle los piececitos. Colocar gorrito y en algunos casos capa que se le quitarán al niño en el momento del bautismo para que el sacerdote pueda verter sobre su cabecita el agua bendita. Este vestido se confecciona en materiales suaves y delicados, bordados a mano y con encajes. Sin embargo un batoncito blanco sencillo sirve igual.

A la fiesta del bautizo se invita además de los padrinos y abuelos a los familiares y a los amigos más allegados. Se puede celebrar con un desayuno, un almuerzo o una comida. Durante la reunión los invitados irán vestidos de acuerdo con la ocasión. Durante la fiesta o reunión se reparten estampitas religiosas que consisten en una pequeña esquela en cartulina o pergamino, la cual lleva por una cara una imagen o un pasaje religioso y por el otro el nombre del bautizado, la fecha de nacimiento, la iglesia, el lugar y fecha de bautizo.

Se acostumbra que la madrina reparta recordatorios, que pueden ser pequeñas figurillas de ángeles o platicos en porcelana, en plástico o plata, con el nombre del niño y la fecha del bautizo.

Los invitados pueden regalar al bebé una infinidad de objetos como cubiertos, vasitos, bandejitas, sonajeros, medalla para la cuna en plata, prendas de vestir, joyas, títulos o acciones a nombre del niño o una suma de dinero.

Algunos padres acostumbran ofrecer champaña con las viandas de la celebración. En algunos lugares también se brinda la torta, ponqué o pudín decorado en blanco.

Primera Comunión

Es un acontecimiento importante en la vida de un niño católico; por lo general se hace a los siete años de edad.

La ceremonia religiosa consiste en una misa a la cual asisten sus padres, sus parientes y amiguitos.

El niño asiste a un curso de instrucción en donde aprende el significado y el ritual de la ceremonia. Generalmente este acto se celebra conjuntamente con sus compañeros de colegio.

El atuendo: La niña lucirá un vestido enteramente blanco como de pequeña desposada, confeccionado en telas vaporosas como organdí, muselina o batista, con cuellecito y manga larga, falda muy amplia y larga hasta el suelo. Este vestido se adorna con alforzas o anchas franjas trabajadas en la misma tela con encajes y bordados. En la cabeza, un velo de tul blanco sujeto con una corona de pequeñas flores blancas. En las manos llevará un cirio adornado con azucenas, un libro blanco y una bolsita blanca dentro de la cual lleva las estampitas.

Guantes, medias y zapatos blancos.

Para el niño no existe un atuendo especial. Lo más correcto es que vista traje negro o azul marino con brazal de cinta ancha de moaré blanco. El estilo del traje es opcional, aunque los más usados son el traje marinero o el de estudiante de Eton. Camisa, corbata, guantes y medias blancos, zapatos de acuerdo con el vestido, blancos o negros. En la mano derecha un cirio adornado solamente con una cinta blanca y en la izquierda un pequeño libro blanco y un crucifijo de oro o plata.

Esta ceremonia se celebra de distintas maneras según las tradiciones familiares y las costumbres locales.

Hay padres que escogen llevar al comulgante a desayunar con un grupo de niños de alguna institución infantil y él reparte pequeños obsequios y estampitas a estos niños. Los padres dejan un donativo para la obra.

Otros padres acostumbran celebrar con más pompa el acontecimiento, puede ser en casa, en una finca, en un club, en un restaurante o en un hotel.

En nuestros países se acostumbra que los niños que han recibido la Primera Comunión, después de la ceremonia religiosa vayan a visitar a los amigos o parientes de cierto respeto que no hayan asistido a la ceremonia. Ofrecen una estampa religiosa de tema eucarístico en cuyo reverso va la inscripción, el nombre del comulgante, la fecha y el lugar en que se ha celebrado la ceremonia. También regalan a sus invitados recordatorios o folios.

El blanco es el color para toda la decoración de la Primera Comunión. Se arregla una mesa con mantel, flores y ponqué blancos. El niño o la niña ocupa el sitio de honor con sus invitados alrededor. Sus padres y demás familiares harán mesa aparte.

Los regalos

Los invitados suelen llevar un regalo que no tiene que ver con la ceremonia religiosa como relojes de pulseras, cajas de bombones, cadenas, medallas o joyas. Para una mayor información vea "La Etiqueta de los regalos"

La Confirmación

La Confirmación dentro de la religión católica como en la mayoría de las confesiones protestantes tiene lugar entre los siete y los doce años.

Es la ceremonia que confirma a la persona en su fe y la hace miembro de la religión a la cual pertenece, porque se considera que ya tiene la edad suficiente para entender sus obligaciones como miembro de su iglesia.

La costumbre nuestra es que el padrino si es varón, y la madrina si es niña, acompañe a su ahijado a la ceremonia de confirmación el día fijado por el obispo y ésta se efectúa en la catedral.

Después de la ceremonia, padrino y ahijado van a casa de los padres del confirmado a comunicarles la noticia. No es costumbre hacerse regalos.

Quince años

En algunas regiones de nuestros países se ha popularizado mucho la celebración de los quince años de las niñas adolescentes.

Es en realidad el acontecimiento más importante en sus vidas antes de graduarse y presentarse en sociedad.

Antes se celebraba en las últimas horas de la tarde y a ellas sólo asistían sus parientes y amigas y se ofrecía un refrigerio acompañado de bebidas no alcohólicas. Ahora ha variado este tipo de reuniones y se parece más a una presentación en sociedad pero con invitados más jóvenes. Las invitaciones se cursan por medio de tarjetas preimpresas indicando fecha, lugar y hora. A veces la quinceañera indica en esta tarjeta cómo desea que vayan vestidas sus invitadas y de qué color.

La hora, desde las 7:00 p.m., implica el carácter de recepción semiformal. Ellas, ataviadas con vaporosos vestidos de última moda y los muchachos de saco y corbata. No es correcto vestir blue-jeans ni atuendos juveniles para llamar la atención.

La joven anfitriona da a sus invitadas un pequeño recuerdo alusivo a la ocasión y una gran torta o ponqué en blanco y rosado complementará este tipo de celebración. Se ofrece o un buffet abundante o un "plato servido" cuando el presupuesto es más económico. Como bebidas se ofrecen ponches de frutas ligeramente licorizadas, refrescos, helados y cerveza.

Es indispensable el baile, ya sea con equipo de sonido, conjunto musical o gran orquesta. No debe prolongarse más allá de las 12:00 de la noche para que mantenga su carácter de fiesta juvenil.

Es muy práctico invitar suficiente número de parejos para las invitadas. A esta fiesta sólo deben asistir los jóvenes invitados y en caso de que alguna de las amigas de la anfitriona desee llevar a alguien no invitado, debe solicitar permiso a sus padres o a ella.

Ceremonias hebreas

La ceremonia de la circuncisión, conocida como el "Brith milah" en hebreo y como brit en Yiddish, se efectúa ocho días después del nacimiento del niño y significa que ha sido iniciado en la Comunidad judía.

La circuncisión va acompañada de una ceremonia religiosa en la que se le da el nombre. Después de la ceremonia, la cual generalmente se celebra en la casa, sigue una recepción muy alegre, con frecuencia un desayuno-almuerzo (*brunch*), ya que el brit se celebra temprano en la mañana. Si los padres desean que el brit sea celebrado en el hospital, ellos deben chequear las facilidades y seguridades para ocupar un cuarto para el brit, durante el cual se puede o no brindar algo y averiguar cuántos invitados se permiten.

Las invitaciones a un brit se hacen por teléfono inmediatamente después de nacido el bebé. Cuando el brit se celebra en una sinagoga, los familiares e invitados irán vestidos como para un oficio religioso.

La tradición exige que todos los hombres lleven "yarmulkes" o sombreros según las reglas de la sinagoga, ya sea Ortodoxa, Conservadora o Reformista.

Una invitada debe averiguar con un familiar del bebé o por teléfono a la sinagoga si se requiere cubrirse la cabeza. Si el brit se celebra en la casa, los hombres llevarán sombrero y la costumbre determinará si las mujeres pueden estar presentes en las ceremonias y si deben o no cubrirse la cabeza.

A las niñas se les da el nombre el primer Sabbath más cercano a los treinta días de nacida, cuando el padre es citado al Torah.

La madre puede estar presente y el niño también. En algunas congregaciones reformistas a los varones también se les da el nombre en la sinagoga cuando sus padres están presentes y reciben una bendición especial del rabino.

En la recepción que se brinda a continuación de la ceremonia la madre será la anfitriona: los parientes y amigos también pueden ser invitados al oficio religioso, durante el cual se le da el nombre del niño.

El "pidyon haben", el cual tiene lugar si el recién nacido es varón, se celebra a los treinta días de nacido. De acuerdo con una antigua tradición descrita en la Biblia, el recién nacido era destinado al servicio de Dios y era costumbre para un "cohen" (o descendiente de una tribu de rabinos) que para liberar al niño de esta obligación se le confiara al cuidado del padre quien lo levantará en la religión judaica. El "pidyon haben" consiste en una ceremonia y una celebración cortas que se efectúan en la casa.

Las invitaciones a parientes y amigos se hacen por escrito unos diez días antes de la celebración.

El Bar Mitzvah

La ceremonia del Bar Mitzvah para un joven judío es la equivalente a la confirmación para un cristiano. En algunas Congregaciones Reformistas hay una ceremonia similar para las niñas a los trece años, el Bat Mitzvah.

Esta ceremonia tiene lugar el primer Sabbath (sábado) después de que el joven ha cumplido los trece años y es la ceremonia que siguen los judíos ortodoxos y tradicionales para confirmar en sus obligaciones dentro de la congregación a la que pertenece el joven varón al cumplir esta edad.

Este acto es muy importante tanto en su aspecto religioso como social y se celebra de una manera muy especial. Se diferencia de la Confirmación Cristiana en que además de tener un profundo significado religioso se celebra también socialmente.

Se envía las invitaciones por escrito indicando la fecha, lugar y dirección. Se consiguen modelos para estas invitaciones, las cuales se envían con quince días de anticipación.

La ceremonia religiosa que se ha celebrado en la mañana del sábado puede hacerse en los salones para actos sociales de la sinagoga y puede asistir cualquier miembro de la congregación que desee expresar sus congratulaciones.

La fiesta, almuerzo, comida o recepción que sigue el mismo día (más tarde), congrega a todos los amigos de los padres y a los compañeros de colegio del joven, pero solamente asistirán los que han recibido invitación.

Modelo de invitación a un Bar Mitzvah.

(Nombre del Padre) y Sra.
Se complacen en invitar a Ud.(s) al
Bar Mitzvah de su hijo
David Jacobo

Sábado, veintidós de Julio
de Mil Novecientos Ochenta y Nueve
a las 10:00 de la mañana

Congregación

Como a veces se invita más gente a la recepción que a la ceremonia en la sinagoga se debe ser muy explícito sobre la hora, el lugar y la ocasión.

Cómo vestirse

Para la ceremonia, los invitados llevan el mismo atuendo que para un servicio religioso y si la recepción es un almuerzo no habrá necesidad de cambiarse. Si la recepción es por la tarde o por la noche, vestirse de acuerdo con la hora. Si se desea que los invitados vayan de corbata negra es preciso especificarlo en las invitaciones. En ese caso las señoras irán de coctel o de vestido largo y los hombres de traje completo oscuro.

Todo invitado a un Bar Mitzvah debe enviar o llevar un regalo. Se sugiere algo que le recuerde siempre al joven la ocasión y también son permitidos regalos en efectivo. Una joya, un libro o algo para su hobby.

El muchacho debe agradecer los regalos inmediatamente después de recibirlos.

Las recepciones son como cualquiera otra, almuerzos y comidas sentados a la mesa o en buffet y puede llevarse a cabo en la casa, en un club, en un hotel o en un restaurante. Puede o no haber orquestas, pero como la mayoría de los invitados son jóvenes, les agrada mucho bailar después de la comida.

Graduaciones

Para un adolescente el grado de bachiller es su primer acontecimiento importante. Después llega el momento de escoger su futuro profesional y luego tiene lugar la graduación de una carrera universitaria o técnica.

Participaciones e invitaciones

Debido al gran número de estudiantes que en nuestro país hoy llegan a graduarse de secundaria, los colegios se han visto obligados a restringir el número de invitados de cada graduando en la ceremonia. Esta se lleva a cabo en el auditorio del colegio, en un teatro o en cualquier otro salón de carácter cultural que exista en la ciudad, como en un Centro de Convenciones o de Bellas Artes.

Las participaciones solamente anuncian el hecho de la graduación y no implica obligación de asistir o enviar regalo.

Las invitaciones llevan el nombre del graduando, colegio, fecha, lugar y hora. Como son ceremonias informales, los invitados van vestidos de acuerdo con la hora. El graduando, si es una joven, irá vestida según la tradición del plantel.

El birrete y la capa no son obligatorios en nuestros países.

Modelo de Invitación:

Nombre del colegio
Tiene el gusto de invitar a Ud.(s) a
la graduación de la Promoción
del año Mil Novecientos Ochenta y Nueve
Ceremonia que tendrá lugar el próximo
Veinte de Noviembre

a las Ocho de la noche
en el Auditorio
Ciudad

Modelo de Participación:

Nombre y apellidos del graduado
Se complace en participar a Ud.(s)
su grado de
Bachiller
Título que le otorgará el (Nombre del Colegio)
Ceremonia que tendrá lugar el Veinte de Noviembre a las
Ocho de la noche en el Auditorio del
Ciudad

La fiesta para celebrar un grado, ya sea de bachiller o profesional, tendrá lugar en casa, restaurante o salón de hotel y el tipo de reunión puede ser un coctel-buffet o una comida con o sin baile. Los invitados irán vestidos de acuerdo con la ocasión.

Es muy usual que varios graduados se reúnan para ofrecer una fiesta de celebración. Esto es correcto y más económico.

Regalos

Los regalos de graduación son ilimitados. Entre más allegado por nexos familiares o de amistad sea el invitado, de más importancia será el presente de esta persona. Es correcto dar algo que perdure y de la mejor calidad.

Las flores para una joven graduada siempre serán un presente bien recibido. Estas se envían al sitio de graduación, a su casa o en el lugar de la recepción.

Presentación en sociedad

En nuestros países, así como en Inglaterra y España, la presentación en sociedad de una joven de dieciocho años implica una gran fiesta ofrecida por sus padres y a la cual asisten sus compañeras de edad y otras jóvenes que ya han sido presentadas.

La significación de esta fiesta viene a ser como la entrada de la joven al mundo de los adultos de su grupo social. Es presentada oficialmente a la sociedad mediante una fiesta formal. En algunos países las llaman debutantes. Esta recepción tiene su etiqueta.

Las invitaciones impresas especialmente para la ocasión se cursan con un mes de anticipación y no hay un modelo específico de cómo hacerlas.

Otra modalidad para estas presentaciones en sociedad es el baile anual que ofrece el club privado al cual pertenece la familia. Puede ser con ocasión del baile tradicional de Año Nuevo o cualquier otra fecha.

Para este tipo de fiesta no se cursan invitaciones escritas sino que cada presentada avisa a sus familiares y amigos para que estén presentes en la ceremonia.

La tradición es que la joven presentada sea anunciada por orden alfabético de sus apellidos. Esta presentación se le confía a una dama prestante o a la esposa del presidente del Club. Ella desfilará del brazo de su padre o de la persona que lo representa y bailará con él su primer vals.

La elección del parejo: puede ser el novio o un amigo a quien ella quiera hacerle esta deferencia.

A su parejo le tocará bailar con ella la segunda pieza. El deberá enviarle un arreglo floral o un corsage la misma tarde de la fiesta. Como el corsage a veces no va de acuerdo con el vestido de la joven, él debe preguntarle si desea llevarlo. En caso negativo, él le enviará un ramo de flores.

El desfile de las jóvenes debe ensayarse con unos días de anticipación en el sitio en donde se efectuará el baile.

Su vestido debe ser de rigurosa etiqueta, es decir largo, con telas suntuosas, confección de alta costura, en los colores de moda. Antes prevalecían los tonos claros, muy recamados y poco escotados. Los guantes, el abanico y la cartera de noche son opcionales y deben ir de acuerdo con el vestido.

El maquillaje y el peinado adquieren una importancia trascendental para la joven y su estilo revela mucho la personalidad de la presentada. El adorno de cabeza se lleva o no según los dictados de la moda.

Este es el día que escogen los padres para regalarles una linda joya que consiste en un diamante no muy grande y engarzado con sencillez.

Los caballeros irán de etiqueta y en algunos lugares su padre usará el frac. Si es una fiesta privada, ésta podrá llevarse a cabo en casa, en un lugar bien especial, en un restaurante de renombre, el salón de recepción de un hotel o de un club.

Fechas especiales

Día de la Madre

Se celebra en nuestro país el segundo domingo de Mayo. Este es un acontecimiento familiar para festejar a mamá. Es costumbre hacer una reunión en casa con papá y los hijos o salir todos a comer a un restaurante para que ella no tenga que atender invitados.

Mesa para celebración de quince años. Platos y composteras de Sevres, del siglo XVIII. Mantel de lino rosa. Cubiertos de Tiffany, dulceras de plata del mismo siglo, jarra de plata colonial, arreglos florales en claveles rosados, almendras, merenguitos, petit fours, y regalos para cada niña.

Diversas maneras de poner la mesa. Arriba, elegante centro de mesa con base de espejo. El buffet del fondo ha sido decorado con platos antiguos.

A la izquierda, vajilla moderna japonesa. Está muy bien visto usar este tipo de platos en almuerzos y cenas informales; ya se producen en Colombia.

A la derecha, una de las diferentes maneras que hay para colocar la cristalería. De izquierda a derecha, copa de agua, de vino tinto, de vino blanco y de champaña. El plato del pan siempre debe ir a la izquierda, y la tarjeta con el nombre del comensal en un portatarjetas a la derecha, junto al cenicero.

Una visión moderna de una mesa para primera comunión. Nótense los colores pastel del ponqué y el arreglo floral en rosas coloridas. Mantel blanco de lino calado, con fondo rosa. Vajilla Limoges, cubiertos Christofle, bomboneras de porcelana de Sevres y pala de plata antigua.

Mesa para bautismo. Centro de mesa, platón, jarras, vinajeras y candelabros de plata antigua (1870). Mantel muy bordado y pañitos de lino blanco.

Arreglos florales y ponqué cortesía de Khárisma Floral y Hotel Hilton.

Se le regala algo que sabemos ella desea ya sea para la casa o para sí misma.

Cuando hay hijos lejos, ellos deben tratar de comunicarse y desearle un feliz día de la Madre.

Día del Padre

Se celebra el tercer domingo de Junio y tiene todas las características del anterior. Feliz día del Padre.

Día del Amor y la Amistad

En nuestro país se celebra en el mes de Septiembre, en otras partes es el 14 de Febrero y se llama Valentine Day.

Esta fecha, aunque parece tener un sentido comercial, fomenta un ambiente agradable en las oficinas, viene a ser un paréntesis en la rutina diaria de trabajo y también la celebran los novios.

Es costumbre que sea una secretaria ejecutiva la que organice esta pequeña reunión. Se hace una lista con los nombres de los compañeros y se clasifican: ellos en una cajita o bolsa y ellas en otra con el fin de sortear la escogencia de cada nombre. A esto le llaman el "Amigo Secreto" y cada uno regala un pequeño recuerdo según el nombre del compañero.

Cuando llega el momento de intercambiar los regalos se hace un brindis de ponqué y refrescos.

Este día los novios intercambian regalos de un valor más sentimental que económico. Es la fecha de los detalles entre ellos: NO OLVIDARLA.

Aniversarios

Bodas de Plata

Estas se celebran a los veinticinco años del matrimonio ya sea con una misa y un desayuno o con una gran fiesta. En tal ocasión los invitados regalarán objetos de plata.

Bodas de Oro

Transcurridos otros veinticinco años se celebran las bodas de oro. En esta ocasión si la salud se los permite los esposos celebrarán esta reunión en compañía de su hijos, nietos y biznietos. La reunión se hará preferiblemente por la tarde.

Bodas de Diamante

A los sesenta años de matrimonio se celebran las bodas de diamante. Sus hijos, nietos y biznietos darán una pequeña recepción.

Fallecimiento, luto y funeral

El fallecimiento de un ser querido es sin duda una situación muy dolorosa para los allegados y este es el momento en que sus familiares y amigos podrán demostrarle sus sentimientos de consideración y afecto. La tradición y las normas a seguir en estos casos las dictan la religión y las costumbres locales.

Es aconsejable que sea un miembro inmediato a la familia o un amigo de la casa el que se encargue de las diligencias del caso: Vestir el cadáver, ordenar el ataúd, comunicar la noticia a los parientes, avisar al sacerdote, al pastor o rabino según la religión a la cual pertenezca el difunto, hacer los trámites con la funeraria para el entierro, conseguir el certificado de defunción firmado por el médico de cabecera y redactar de acuerdo con la familia, los avisos de prensa. Estos avisos de prensa deben redactarse según las normas ya establecidas, teniendo en cuenta que el más importante es el aviso de su esposo (a) e hijos.

En esta comunicación se indica el grado de parentesco observando un orden de precedencia como por ejemplo:

El Señor
Nombres y apellidos del Señor
Descansó en la paz del señor
Su esposa (Nombres y apellidos), sus hijos
Agradecerán a sus amigos y relacionados la
asistencia a las exequias que se efectuarán
hoy 31 de Julio a las 10:00 a.m. en la iglesia:
—Nombre de la Iglesia—
Y luego acompañarlos al parque cementerio
"Jardines del recuerdo"
Velación: Cripta de la parroquia de Cristo Rey
Dirección:
Favor no enviar flores. Bonos de la Fundación
Niño Jesús.

A veces la velación se lleva a cabo en la funeraria y en ese caso hay que informar el nombre de la funeraria y del salón correspondiente.

En algunos casos las visitas de pésame se hacen dentro del tiempo comprendido entre la defunción y el entierro. Estas visitas deberán ser cortas y prudentes. No es obligación acercarse al ataúd sino más bién a los deudos y dar el pésame a cada uno.

146

En casi todas las regiones del país es costumbre asistir a los oficios religiosos de cuerpo presente, firmar el registro o dar el pésame a los familiares y acompañarles al entierro.

En los días siguientes al funeral, si no ha sido posible asistir a lo anterior, se puede pasar por la residencia del difunto y dejar una tarjeta y escribir a mano algunas palabras de condolencia o firmar el registro. Un visitante no debe tomar a mal el que por ejemplo la viuda o madre no le reciba personalmente y que lo haga por intermedio de un familiar. Es costumbre que una persona de la familia se haga cargo de abrir un libro de registro de visitas tanto en la casa como en la funeraria, éste se colocará a la entrada del salón o los salones en donde están recibiendo los deudos.

Guardar luto por un ser querido en su manifestación externa o en el vestido, en la no asistencia a fiestas o funciones, es potestativo de cada persona según su criterio y no se debe juzgar la manera de observarlo porque no incumbe sino a la persona que ha sufrido la pérdida del ser querido.

No es obligatorio vestirse de luto para dar un pésame, puesto que éste está reservado para los familiares más cercanos si es su deseo o costumbre, como tampoco presentarnos vestidos de mil colores, sino discretamente.

La costumbre de enviar flores está muy arraigada en nuestro medio. Si una persona pertenece a la familia del difunto o era un amigo íntimo enviará flores a la velación o al entierro. Algunas familias prefieren que se ofrezcan misa de difuntos o donativos en lugar de flores. Hay que respetar su voluntad.

Por lo general se comunica el fallecimiento por medio de la prensa, por telegramas o por teléfono y todos los amigos y conocidos deben asistir al entierro. Si no se puede ir a la iglesia o al entierro, entonces se hará una visita de pésame más tarde o esperar a la misa de novenario o de mes y asistir a ella.

Otra manera de dar un pésame es por medio de los sufragios, certificados de donaciones a instituciones caritativas o de carácter comunitario. Se envían a los familiares más allegados con el nombre del difunto y de las personas que hacen este tipo de atención.

Durante la ceremonia religiosa y el entierro observar el debido respeto y recordar que los lugares cerca al ataúd son reservados para los parientes cercanos. No son momentos para hacerse visitas, contar chistes o cuentos sino saludar en voz baja a los conocidos y ocupar un sitio discreto.

Los familiares del difunto agradecerán un mes después del fallecimiento, por medio de la prensa, las manifestaciones de condolencias recibidas. También se envía una tarjeta impresa con los nombres del viudo o viuda y sus hijos, y una corta frase como: "Agradecimientos" o "Profundamente agradecidos".

Matices para expresar condolencias en algunas regiones del país: enviar o llevar personalmente algunas viandas a casa del difunto, ofrecer misas de aniversario en nombre del fallecido, o regalar prendas de vestir si hay una estrecha amistad.

En algunos lugares la viuda no va al entierro. Permanece en casa rodeada de sus parientes y amigos más allegados.

VI–Matrimonio

Noviazgo y compromiso

El noviazgo es sin duda la época más feliz de una pareja. Conocerse, tratarse con la ilusión del amor es sin duda algo muy especial. Este noviazgo corto o largo debe llegar al compromiso y al matrimonio si éstas son las aspiraciones de los novios.

Hoy en día la petición de mano o compromiso ya no tiene

el ceremonial de antaño, pero daremos algunas de las pautas a seguir.

Los novios se ponen de acuerdo para fijar la fecha en que el novio debe ir con sus padres a pedir la mano de su amada. Es corriente que si el novio se halla solo en la ciudad, sea él mismo quien haga la visita para hablar con sus futuros suegros.

No existe ningún ceremonial fijo para la petición de mano, antiguamente llamado "esponsales".

El novio debe enviar ese día un arreglo floral. Por la tarde irá con sus padres a casa de sus suegros a pedir la mano de la novia. Si el novio es huérfano lo acompañará un tío, un hermano, su amigo íntimo. Es costumbre que la novia no esté presente en esta primera parte de la visita, sería indelicado porque allí se tratarán asuntos de intereses o se hace referencia a la situación económica de la pareja.

Es muy importante el anillo de compromiso, más o menos valioso según el deseo del novio y sus posibilidades económicas. La tradición dice que debe tener un diamante, una piedra blanca o una perla.

Lo más usado es un brillante o diamante engarzado en oro amarillo o blanco. Este anillo se lleva en el dedo anular de la mano izquierda, que luego cambiará junto con el anillo de boda para su mano derecha. Los anillos de matrimonio del novio y de la novia son indispensables para la ceremonia matrimonial.

Una viuda o una divorciada que se compromete deja de usar el anillo de compromiso de su primer matrimonio, le den o no un anillo de compromiso. Continúa llevando su anillo de matrimonio, sobre todo si tiene hijos, hasta el día de su segundo matrimonio.

Es corriente que los padres de la novia (no es obligatorio) den una recepción para celebrar el compromiso invitando a los familiares más allegados de ambas familias y amigos más íntimos.

Esta reunión puede ser desde un coctel a las seis de la tarde hasta una comida sentados a la mesa en casa, en un club o en un restaurante.

Este compromiso se registra en las páginas sociales de los periódicos tanto locales como nacionales.

La boda

El ajuar

Desde este momento comienza la novia los preparativos de su ajuar. Ella hace una lista con su mamá de todo lo que desea llevar a su nuevo estado, tanto su ropa íntima como juegos de camisa de dormir, batas levantadoras o negligees, pijamas, pantuflas; ropa blanca como sábanas, fundas, cojines, edredones, cubrecamas, toallas, juegos de baño, manteles con sus servilletas, ojalá éstas marcadas con sus iniciales de casada, paños para la cocina, para limpiar y brillar vajillas de cristal, cubiertos, etc.

Sugerencias acerca de las cantidades mínimas acostumbradas para el ajuar de la novia:

— Seis juegos para cama doble o para dos camas sencillas.
— Cuatro mantas o cobijas de lana.
— Ocho almohadas.
— Dos juegos para cama sencilla y almohada (para el servicio).
— Seis juegos de toallas - dos grandes - dos medianas - dos pequeñas.
— Doce paños finos para vasos y vajillas.
— Doce paños para la batería de cocina.
— Seis paños para los cubiertos.
— Seis paños para el polvo.
— Seis manteles con sus servilletas del tamaño de la mesa escogida por la pareja. Dos de los manteles han de ser blancos.
— Tres juegos de individuales con sus centros.
— Tres manteles de té con sus servilletas, uno de ellos del tamaño de la mesa.
— Carpetas de diferentes tamaños y formas para las bandejas.

En nuestros países, es costumbre que sea el novio el que provea todo lo referente al hogar; vivienda, muebles, electrodomésticos, batería de cocina, vajilla, cristal y cubiertos.

Participaciones

Es costumbre enviar las invitaciones y las participaciones anunciando el matrimonio con seis a ocho semanas de anticipación.

Se hace una lista que elaboran los padres de la novia de acuerdo con el novio, quien a su vez habrá consultado con sus padres a quiénes desean invitar.

La forma más corriente para anunciar el matrimonio es la enviada por los padres de la novia, impresa en cartulina doble. A la izquierda los padres de la novia informan por ejemplo:

Participación Matrimonio

Orlando Pérez Martínez y su señora María Cristina Gaviria de Pérez participan a usted el matrimonio de su hija Katherine con el señor Andrés Urrea Díaz,ceremonia que se celebrará el día viernes veintiocho de Febrero a las siete de la noche en la Capilla de Santa María de los Angeles *Calle 115 No. 9-40*	*Jorge Urrea Martínez y su señora Claudia Díaz de Urrea participan a usted el matrimonio de su hijo Andrés con la señorita Katherine Pérez Gaviria,ceremonia que se celebrará el día viernes veintiocho de Febrero a las siete de la noche en la Capilla de Santa María de los Angeles.* *Bogotá, Febrero de mil novecientos ochenta y seis*

Nombre y apellidos padre de la novia
Nombre y apellidos madre de la novia

Participan a Ud.(s) el matrimonio de su hija

Nombre de la novia
con el señor Nombre y apellidos del novio

Ceremonia que se celebrará el día Viernes 6
de Julio a la 8:00 P.M. en la Iglesia xxxx
Ciudad, dirección

A la derecha los padres del novio informarán así:

Nombre y apellidos padre del novio
Nombre y apellidos madre del novio

Participan a Ud.(s) el matrimonio de su hijo

Nombre del novio

con la señorita Nombre y apellidos de la novia
Ceremonia que se celebrará el día Viernes 6
de Julio de 199 a las 8:00 p. m. en la
Iglesia...
Ciudad, dirección
Nombre y apellidos padre Novia Nombre y apellidos padre
Novio
Nombre y apellidos madre Novia Nombre y apellidos padre
Novio
Se complacen en participarles el próximo enlace de sus hijos
Novia y Novio
que se celebrará el día xxx en la Iglesia xxx
Ciudad y fecha
Dirección de la novia Dirección del novio

Si uno de los padres de los contrayentes es viudo la fórmula
indicada para la participación será:

Nombre y apellidos de la madre viuda de la novia.
Tiene el gusto de participar el matrimonio de su hija
Nombre de la novia
con el señor Nombre y apellidos del novio

El sobre, tanto de la participación como el de la invitación
debe escribirse a mano y generalmente se encarga a una persona
especializada en rotular.

Las participaciones se envían a un mayor número de personas, a familiares, amistades personales, profesionales, de negocios
y hasta a las autoridades si las familias están interesadas en participarles.

Arturo Sánchez Melo
Esther Camargo de Sánchez
Dario Balen Guzmán
Maruja Pérez Holguín
participan el matrimonio de
sus hijos Mónica y Julián
ceremonia que se celebrará el día viernes
24 de Junio a las ocho de la noche en
la Capilla de La Bordadita.

Transversal 3 No. 23-90

Bogotá, Junio de mil novecientos
ochenta y ocho

Invitación

Arturo Sánchez Melo
Esther Camargo de Sánchez
invitan a la ceremonia religiosa
y a la recepción que
ofrecerá en su residencia
San Pedro - Tenjo

S.R.C.
2547891
Bogotá, Octubre de mil novecientos
ochenta y ocho

Rodrigo Vélez Mejía y su señora
María Elvira Salas de Vélez
tienen el gusto de invitar a usted a la
ceremonia religiosa que se celebrará en
la Capilla del Sagrario a las doce del día
y a la recepción que ofrecerán en el
club El Rincón de Tenjo

S.R.C.
Av. 92 10-50

Las personas que reciben esta participación, deben estar pendientes de la fecha de la boda y enviar un telegrama deseándole a los novios "Felicidades" o unas flores el día antes de la boda. Esta correspondencia debe dirigirse a los novios y a la casa de la novia.

Invitaciones

Para las invitaciones se acostumbran varias formas:

1. Insertando una hoja aparte dentro de la cartulina doble de la participación y que dirá más o menos lo siguiente:

Nombre y apellidos del padre de la novia
Nombre y apellidos de la madre de la novia
Tienen el gusto de invitar a Ud.(s) a la recepción
del matrimonio de su hija
Nombre de la novia con el señor Nombre y apellidos del novio
Corbata Negra
Lugar R.S.V.P.
Hora Tels.: xxx-xxx

El tipo de letra más usado y más elegante será siempre la cursiva inglesa. Estas se envían con la misma antelación de las anteriores. Ambas tarjetas se envían en sobres escritos a mano. Los colores de moda van desde blancas, marfil, marfil pulido, rosado muy pulido, etc.

Despedidas

En nuestros países se acostumbran diversos tipos de reuniones que se ofrecen para despedir a los novios de su vida de solteros.

Para la novia

La verdadera despedida de soltera de la novia se la deben ofrecer sus amigas solteras, pues simbólicamente la despiden porque ingresa al grupo de las casadas.

Hay una costumbre muy romántica y es la serenata que ofrece el novio a la novia la noche antes de la boda. El grupo musical puede ser desde un guitarrista hasta una orquesta completa, dependiendo de lo que el novio pueda gastar. En algunos lugares se usa hacer entrar al novio con sus amigos y los músicos, se les brinda una copa de licor y se celebra la alegría del momento.

Showers a la hora del té - Almuerzos de compañeras.
Invitadas de honor: La novia, su mamá, su suegra, sus hermanas, las hermanas del novio, abuelas, familiares y amigas.

Lugares: En casa, en restaurantes, en clubes, salones de té, en salones de hoteles, etc.

Anticipación: En el interior estas reuniones comienzan inmediatamente se reciben las invitaciones. La anfitriona debe llamar a la novia para que le reserve la fecha. En la costa se ofrece también un gran té con todas las señoras invitadas al matrimonio. Lo organizan las amigas allegadas a la novia. En los showers la madre de la novia no está obligada a regalar a su hija. Se anuncia el tipo de shower con antelación: de cocina, de lencería, de plantas, etcétera.

Para el novio

Generalmente es una sola "Despedida de soltero". Lugar, hora y tipo de reunión lo deciden sus amigos.

Para la pareja

Son comidas que ofrecen uno o más matrimonios, fecha, lugar y hora se escogen de acuerdo con la novia. En algunas regiones de nuestro país estas reuniones se suspenden ocho días antes de la boda para darles oportunidad a los novios y a sus familiares de preparar todos los detalles que implican la celebración de un matrimonio.

Padrinos

La elección de los padrinos la hacen los novios de acuerdo con sus padres. Por lo general se escogen entre los familiares muy allegados y las amistades más íntimas.

El cortejo más o menos numeroso lo decide la novia ya sea que quiera ir acompañada de damas de honor con o sin parejo, los pajes que llevan las arras, los anillos y las flores.

En los países anglosajones los personajes principales son el mejor amigo del novio y la amiga íntima de la novia, que se llaman "Best Man" y "Maid of Honor".

Los testigos para la ceremonia suelen ser generalmente cuatro; dos por cada uno de los contrayentes, o solamente dos, uno por cada cual.

Regalos

No existe una regla de etiqueta fija para la escogencia o el costo de los regalos. Las personas a quienes solo se les participa no están obligadas a enviar regalos.

Los padrinos, los abuelos, tíos y demás familiares se supone que enviarán regalos de más importancia que los demás invitados.

Una costumbre práctica y moderna: los novios con unas dos semanas de anticipación, visitan ciertos almacenes y dejan una lista de regalos preseleccionados por ellos, los cuales deben ser de distintos precios, de manera que sus invitados puedan escoger de acuerdo con sus presupuestos.

Al recibir la invitación la persona invitada debe averiguar en qué almacenes la pareja ha preseleccionado sus regalos. Allí deben tener el registro de regalos que se hace bajo el nombre del novio y la novia para que puedan ser identificados por sus respectivas amistades.

Los regalos se envían a casa de la novia con uno o dos días de anticipación en algunos lugares. En la costa, el día antes de la ceremonia. Ella debe llevar un registro riguroso de quién lo envía y en qué consiste el regalo. Al regreso de su luna de miel ella debe enviar a estas personas una breve nota, ya sea impresa o a mano, dando las gracias y aludiendo el regalo recibido. Los sobres de estas notas debe hacerlos la novia y a mano.

Es costumbre enviar los regalos empacados y decorados con cintas blancas. No así en las costas en donde se envían a la vista adornados con lazos muy elaborados en cintas blancas.

El día antes de la ceremonia, en casa de la novia se debe preparar una o varias mesas adornadas con flores y cintas blancas donde se colocarán los regalos para que sean apreciados por los familiares y amistades íntimas. No es correcto abrir los regalos antes de la recepción.

Los regalos en efectivo son aceptables y generalmente los hacen personas muy allegadas a la pareja. Los cheques deben girarse a nombre del novio y la novia conjuntamente.

Cuando hay que cambiar un regalo, lo hará la pareja con mucha discreción al regreso de su viaje de boda. Si es un regalo repetido y es obsequio de un familiar deben explicar por qué lo han cambiado.

La mesa de regalos

Regalos para matrimonio

Un regalo para matrimonio es casi siempre algo útil para la casa o para su decoración.

Una lista de sugerencias de regalos:
- Artículos de plata, porcelana o cristal; ojalá de los escogidos por la novia.
- Espejos para la entrada o hall.
- Cuadros de acuarelas, óleos o reproducciones.

- Electrodomésticos.
- Lámparas de pie o de mesa.
- Mesitas auxiliares, de juego y de té.
- Una pieza de valor artístico o antigua.
- Un juego de vasos o copas.
- Un juego de té o café.
- Un reloj de pared o de mesa.
- Bandejas de plata o artísticamente decoradas en otros materiales.
- Una pieza de mobiliario antigua o artística.
- Ceniceros, floreros, jarrones, centros de mesa, botellones para licor, cigarrilleras, cajas de música o artísticas.
- Una pieza de valor familiar.
- Tapetes, alfombras.
- Figuras en madera, porcelana, cerámica.
- Juego de cubiertos o piezas de servir.

El costo del regalo debe ser de acuerdo más con el grado de amistad, parentesco o simpatía que se tenga por la pareja que por la celebración más o menos suntuosa del matrimonio.

Si el matrimonio por cualquier razón es cancelado es de estricta etiqueta devolver los regalos recibidos con una breve nota y sin otra explicación. Esto incluye los regalos en cheque o efectivo. Si la boda solamente se pospone no es necesario devolver los regalos.

¿Cómo ir vestido a una boda?

Novia

Debe ir de blanco, marfil o rosado tenue. La elección de su traje es privilegio de ella y debe estar de acuerdo con el tipo de ceremonia escogido. La hora y el clima también deben tenerse en cuenta. No debe tener un escote muy grande. Es de mal gusto.

Guantes, medias y zapatos deben ser blancos.

El velo también blanco puede ser corto o largo, de encaje o de tul lo mismo que el adorno de los azahares. En esto la moda tiene la última palabra.

En las manos llevará un ramo de flores, en forma de cascada o el clásico bouquet adornados de cintas y tules y será obsequio del novio. Si es católica puede llevar en el cuello un crucifijo.

Novio

De ceremonia:

Chaqué negro o gris muy oscuro con pantalón a raya.

Camisa con cuello blanco almidonado.

Alineación en la iglesia

1 Novia   2 Novio
3 Sacerdote   4 Paje
5 Dama de Honor 5 Dama de Honor
6 Padrino   6 Padrino
7 Madrina   7 Madrina

Corbata plastrón de seda gris perla con cuello pajarita o corbata larga anudada gris.

Chaleco negro o claro en clima cálido, de piqué.

Zapatos de charol negro.

Medias de seda negras.

En la solapa, clavel blanco o cualquier otra flor blanca.

Guantes de gamuza gris perla.

Sombrero opcional de copa, negro o gris, según la moda.

Padrinos - testigos - padre de la novia y suegro: Todos irán vestidos igual que el novio.

Madrinas, mamá de la novia, suegra, abuelas irán de vestido largo en tonos suaves, aunque en el interior la mamá de la novia se acostumbra vaya de negro. Zapatos tipo sandalia de tacón alto - Sombrero (si se usa) de tarde o pequeño. Guantes a tono con el vestido. En clima frío se llevan las pieles.

Damas de honor vestidas todas iguales en tonos muy claros como rosado, azul, crema o violeta. Ramo de flores en las manos.

Zapatos de tacón alto acordes con el vestido. En la cabeza un adorno de flores o gran sombrero o pamela. Las damas de honor deben reunirse en casa de la novia. La puntualidad es indispensable.

Invitados

Las damas: traje de coctel elegante en todos los colores.

Zapatos de tacón alto tipo sandalias o cerrados; sombrero en colores diversos y según la moda; guantes de acuerdo con el vestido.

Los caballeros traje oscuro, camisa blanca, medias y zapatos negros y corbata gris u oscura.

Los Jefes y oficiales del Ejército y de la Armada vestirán uniforme de gala.

En las ceremonias sencillas la novia puede ir de corto, lo mismo que las damas invitadas y según la hora vestido de calle o de coctel. El novio y los caballeros invitados pueden ir de traje oscuro, camisa blanca, medias y zapatos negros.

Los padrinos y los testigos deben ir vestidos igual que el novio. En los matrimonios celebrados de noche el novio y los padrinos deben ir de frac. En la solapa, un ramito de azahares.

Ceremonia en la iglesia

Muchas flores blancas en el altar, en el reclinatorio para los novios y en los escaños o puestos destinados a los padrinos y un buen número de invitados. Estos puestos deben ser respetados por los demás feligreses.

Música

Piezas selectas clásicas de Bach, Beethoven, Haendel, Schubert.

La tradición exige la "Marcha Nupcial" de Lohengrin o la del "Sueño de una noche de verano" de Mendelssohn al hacer su entrada la novia y a la salida de los contrayentes.

Anillos o argollas

Los novios deben escogerlos con la debida anticipación para que haya tiempo de grabarlos. Es aconsejable elegir una alianza lisa y estrecha, de 2 milímetros de grueso aproximadamente. En la superficie plana interna se graba la fecha y el nombre de los contrayentes.

Es costumbre que estos anillos sean portados por uno o dos niños pajecillos sobre un cojín de raso, pero hay que asegurarlos a dicho cojín porque los niños suelen dejar caer los anillos.

Hasta hace poco era costumbre la ceremonia de las arras. Estas eran trece moneditas de oro (se conseguían en una joyería) que en un momento de la ceremonia el sacerdote entregaba al novio y éste a su vez se las daba a la novia en señal de que las obligaciones de ahí en adelante correrían por su cuenta. Eran también portadas por pajecillos hasta el altar.

Entrada del cortejo

El orden varía según la tradición del lugar. En la costa llega primero el novio con su mamá o su madrina y espera al pie del altar a la novia y su cortejo. La novia, del brazo derecho de su padre, no entran hasta que todos los invitados estén en la iglesia. En otras regiones entra primero la novia del brazo derecho de su padre, precedida de sus damas de honor, luego sigue el novio del brazo de su madre y le siguen los demás invitados.

Al llegar al altar su padre la entrega al novio, ella se coloca a la izquierda para que al salir vaya del brazo izquierdo de su marido.

Los padrinos, testigos y madrinas se colocan a ambos lados en los escaños laterales. A veces los familiares de la novia al lado izquierdo y los del novio a la derecha.

Los testigos que durante la ceremonia llama el sacerdote para que garanticen que los contrayentes son solteros y por lo tanto aptos para recibir la bendición nupcial, suelen ser dos; uno es escogido por la novia dentro de sus parientes y el otro lo escoge el novio entre los suyos. Estos dos caballeros suben al altar, se sitúan a cada lado de la pareja, después de cumplir con su cometido vuelven a su puesto.

158

Entrada

1 Novia	2 Padre de la novia
3 Niña paje	4 Niña paje
5 Dama de honor	6 Dama de honor
7 Dama de honor	8 Dama de honor
9 Dama de honor	10 Dama de honor

Salida

1 Novia   4-5 Padres de la novia
2 Novio   6-7 Padres del novio
3 Paje   Padrinos

Ante el altar

El novio a la izquierda y la novia a la derecha, rodeados de sus pajes y damas de honor.

Es costumbre destinar un automóvil elegante, no importa el color, para el transporte de los novios. Se adorna por dentro con pequeños ramos de azahares y cintas blancas. Este carro servirá para llevar a la novia con su padre a la iglesia y para transportar los contrayentes, solos, al sitio de la recepción.

Salida del cortejo

Los recién casados son los primeros en salir, les siguen los padres de la esposa, los del esposo, pajes, damas de honor, padrinos y demás invitados. O los recién casados de primeros, luego el papá de la esposa del brazo de la mamá del esposo, la mamá de la desposada del brazo del papá del contrayente y luego el resto del cortejo.

Otra costumbre es que los padrinos y demás invitados se hallen dentro de la iglesia y el novio ante el altar —adonde habrá llegado acompañado de su madre o madrina—. La novia entrará a la iglesia del brazo de su padre.

En nuestro país varían ciertas costumbres según la región: por ejemplo que la familia y los invitados de la novia se ubiquen a un lado y los del novio al otro. En otras solamente los padrinos ocupen los dos primeros escaños precedidos de los padres de los novios.

La recepción

En nuestro país, la fiesta o festejo de un matrimonio tiene infinidad de matices según la región o el lugar.

El sitio de la recepción puede ser la casa de la novia, un club, un restaurante o un salón en un hotel.

En las regiones del Norte y del Occidente es más frecuente ofrecer un buffet, ya sea desayuno o cena. En el interior, sentados a la mesa en grupos de seis, ocho o diez personas.

Ambos estilos presididos por la mesa de los novios y en lugar destacado la Torta de Novia.

Buffet para matrimonio

El menú de este tipo de agasajo se escoge de acuerdo con el número de invitados y la clase de recepción que se ofrece: desayuno, almuerzo, coctel o cena.

¿Como presentar este buffet?

Depende de la creatividad de los encargados del banquete y como apreciamos en el párrafo anterior, se rige por las costumbres locales.

Los invitados pasan al buffet en el momento en que éste es anunciado; se sirven y regresan a su mesa.

"Sentados a la mesa", requiere un menú muy escogido; uno o dos camareros por mesa, cada puesto con todos los detalles de cubiertos, vajilla, cristalería y servilletas. La costumbre de repartir entre los invitados recuerdos alusivos a la boda es opcional.

Las viandas y bebidas que se ofrecerán en una recepción dependerán del tipo de celebración que se escoja: buffet de almuerzo o comida, o sentados a la mesa en una cena formal. La escogencia de la champaña y los licores estará de acuerdo con el presupuesto de los padres de la novia.

La etiqueta de la línea de recepción puede ser la siguiente: en primer término los padres de la novia, puesto que son ellos los que la ofrecen, luego los novios o los padres del novio, las damas de honor o algunos familiares muy cercanos a la novia.

Torta nupcial

En nuestro país tiene distintos nombres según la región: torta ponqué o pudín de novia, bizcocho o pastel de boda. Este generalmente se coloca en un sitio preferencial, ya sea en el centro de la mesa de los novios, como centro de mesa del buffet o sobre una pequeña mesa redonda vestida con un mantel blanco hasta el suelo y adornada con azahares y flores blancas.

Hay infinidad de modelos para esta torta y la costumbre para el momento de cortarla varía según la región. Se confecciona blanco o negro y recubierto de pastillaje blanco, puede ser de uno o de varios pisos y en el centro se coloca una figurilla alusiva a los novios. Se puede servir con una copa de champaña a la llegada de la iglesia o como postre después de la comida.

La mesa de los novios

Estará presidida por los novios sentándose los padres bien a ambos lados o en frente de ellos.

La novia será servida de primera aunque en dicha mesa haya damas de más edad o prestancia.

La decoración tanto de esta mesa como las de los invitados se hará sobre manteles blancos, pequeños centros de flores blancas, candelabros si es de noche, servilletas de papel blancas marcadas en plateado con los nombres de los novios y pequeños recuerdos

Línea de recepción

Cómo situarse para recibir los invitados a la entrada de la recepción, después de la ceremonia.

Madre de la novia
Padre de la novia
Madre del novio
Padre del novio
Novia
Novio
Cortejo de damas

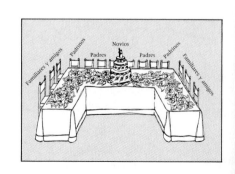

160

alusivos a la boda como almendreros, pequeñas figurillas de porcelana marcadas con los nombres y la fecha del acontecimiento. Estos recuerdos son opcionales y en ningún caso obligatorios.

Es costumbre también adornar el salón o los salones destinados a la fiesta con guirnaldas, floreros y ramos de flores blancas.

Menú para matrimonio por la mañana.
Consomé o entremeses fríos.
Entrada caliente.
Legumbres variadas.
Ensalada rusa o de papa.
Pilaf de arroz.
Postre- café - té.

Menú para un matrimonio después de las 12:00 m. Sentados a la mesa.
Entremeses fríos.
Sopa de tortuga al jerez.
Trucha ahumada doria.
Supremas de pavo.
Corazones de palmito a la milanesa.
Papas duquesas.
Ensalada verde.
Souflé de almendras.
Sabayón al oporto.

Menú de buffet frío y caliente
Pargo frío a la rusa.
Filetes de corvina.
Trucha ahumada.
Langostinos a la diabla.
Medallones de langosta fría.
Ostras Rockefeller.
Galantina de pavo.
Suprema de pollo.
Lomito al jerez.
Jamón a la hawaiana.
Solomo Strogonoff.
Ensalada rusa.
Papas salteadas.
Macedonias de legumbres.
Ensalada de frutas.
Corazones de alcachofa.
Arroz a la milanesa.

Carlota real.

Pastel de la Selva Negra.

Islas flotantes - Flan de caramelo.

Saint Honoré - Pie de fresas - Peras floresta - Frutas variadas - Quesos surtidos.

Todos los menús llevarán naturalmente sus vinos y licores correspondientes.

Champaña

Es la bebida elegante por excelencia y tradicional para celebrar una boda. Debe servirse siempre helada en su copa especial. Se ofrece: o al comenzar la fiesta y con el ponqué de novia, o como bebida para acompañar todo el banquete o al final del mismo. Por lo general se ofrece una o dos copas por invitado con un brindis a cargo del padre o padrino de la novia.

Si hay baile la novia debe abrirlo con un vals, su padre como parejo y luego su esposo.

Gastos

A cargo de los padres de la novia

Participaciones - Invitaciones - La fiesta - Las flores para las damas de honor - El equipo completo de la novia.

A cargo del novio o sus padres:

El anillo de compromiso - Los anillos de matrimonio - El ramo de la novia - los gastos de la ceremonia en la iglesia - Propina al sacristán - Donativo para la iglesia - El viaje de novios.

La escogencia del lugar y el tiempo de duración del viaje de luna de miel la hacen los novios.

La noche antes del matrimonio, en casa de la novia habrá una pequeña reunión a la cual asistirán sin necesidad de invitación los familiares y amigos más allegados. Esta es la ocasión para mirar los regalos, se ofrecerán bebidas y pasabocas y algún plato frío. Esta reunión debe terminarse temprano.

En algunos de nuestros países existe la costumbre de "el ensayo de la ceremonia de la iglesia". Con ocasión de este ensayo se organiza una pequeña reunión a la cual asisten el sacerdote, pastor o rabino que oficiará la ceremonia y él dará las instrucciones pertinentes a los contrayentes y su cortejo. Dicha reunión se hace con uno o dos días de anticipación.

Matrimonio civil

Estas ceremonias se celebran ante un juzgado o notaría y los novios llevarán traje de calle. Asisten un número determinado de testigos y la celebración se puede hacer en casa o en cualquier otro sitio. No deben faltar la champaña y el pastel de novia.

Es correcto que los novios participen su unión por medio de una tarjeta. Favor referirse a Invitaciones.

Segundas nupcias

Generalmente tanto de la ceremonia civil como la eclesiástica se celebran en mayor intimidad. Viudos y viudas en la mayoría de los casos deben esperar un tiempo prudencial de luto. Es una simple señal de respeto por el cónyuge difunto. La novia no debe vestirse de blanco sino de algún color pastel y su ramo será de flores en colores pálidos. No habrá cortejo nupcial y la recepción tendrá un carácter más privado.

Las parejas de divorciados deberán planear ceremonia y celebración en la misma forma que el anterior. Pueden participar el matrimonio ellos mismos después de efectuada la ceremonia.

En caso de que el novio sea el divorciado, obtenidas las dispensas que exige la iglesia la novia tiene todos los privilegios de una novia que se casa por primera vez, o sea, puede llevar vestido blanco, cortejo y sus padres cursarán las participaciones e invitaciones y celebrarán el acontecimiento con el tipo de recepción que consideren conveniente. No hay que olvidar que los primeros en saber que uno de sus padres se casa por segunda vez son los hijos. Asegurarles que la persona con quien se casa él o ella no reemplaza su padre o su madre sino que viene a hacerles compañía.

VII-Correspondencia

Al rescate de la carta

Los medios modernos de comunicación, por su rapidez han convertido el mundo en una gran aldea global. Recibimos las noticias de cualquier parte del mundo casi al instante de producirse; una carta ya no tiene la importancia de antes, cuando era la correspondencia particular o comercial la que traía noticias locales o familiares. La prontitud de un mensaje telefónico está imponiendo nuevas formas de comunicación, pero la correspondencia escrita sigue vigente y es una de las maneras más bellas de expresarnos. La etiqueta básica no ha cambiado mucho; es decir que la obligación de escribir cartas o mensajes tanto comerciales como de felicitación o agradecimiento implica responderlos.

Escribir una carta tiene mucho de conversar y debe expresar un sentimiento, una emoción o un deseo de comunicarse con alguien por diversos motivos.

Las cartas personales, entre amigos, familiares, padres e hijos se escriben siempre entre los límites de familiaridad que se tenga con la persona.

Hay que conocer las normas básicas de etiqueta en la correspondencia; cómo escoger el papel para una carta, cómo escribir un mensaje o contestar cartas comerciales, o cómo enviar un telegrama de pésame o de felicitación, y también cómo elaborar las tarjetas de presentación, de visita o las invitaciones.

El papel de la carta

Al escoger un papel de escribir hay que tener en cuenta el uso que se le vaya a dar.

Para las cartas personales se elige un papel grueso y de mucha calidad. Para caballeros debe siempre ser blanco, para una dama puede ser blanco, gris, beige, azul pálido o un beige rosa. Los sobres son de escogencia opcional pero ojalá no muy grandes.

Para cartas comerciales el papel es delgado y si su envío es por correo aéreo debe ser aún más fino. Este papel no es tan costoso. Hay dos tamaños: el tamaño carta en el cual la carta va doblada en tres o cuatro partes según el sobre que se utilice, rectangular o cuadrado; y el tamaño oficio en que la carta va doblada en tres partes en sentido horizontal.

Color, tamaño o formato siguen ciertos patrones de actualidad como también la manera de marcarlos. La medida más corriente es de 19 1/2 × 14 1/2 cm.

El papel revela muchas veces la personalidad de quien lo envía y la importancia de la empresa. Pero lo más importante es la cortesía con que estén redactados los mensajes.

El papel carta adecuado para un caballero debe ser en color blanco, tamaño 21 × 16 cm y el sobre de 22 × 16 1/2.

Lo más aconsejable es comprar el papel de la mejor clase y usar siempre las formas y colores clásicos. Es preferible un buen papel sin ningún membrete a un papel ordinario lleno de signos.

166

Hay excelentes papeles nacionales. El tipo de letra es de libre escogencia, siendo la cursiva inglesa la más popular para correspondencia particular y para invitaciones.

Es costumbre timbrar el papel para la correspondencia particular con un monograma o con el nombre completo de su dueño. Opcional incluir la dirección.

Es muy práctico hacerlo en plancha de acero que pueda utilizarse una y otra vez.

J.M.

FUNDACION CLARIDAD
CONVENTO DE LAS CLARISAS
Cartagena

Para su correspondencia personal una mujer usa un papel de calidad, en colores blanco, marfil, azul claro, gris o rosado muy tenue. Las iniciales o monogramas van en la parte superior izquierda. La medida más común es 20×15 cm; hojas plegadas en dos o sueltas. Si el sobre es largo y estrecho debe ser 15×10 cm. En este caso el pliego va doblado en dos. Cualquier otra medida un poco más ancha y más larga es optativo de su dueña.

Señora Doña
Nombre y Apellido de la Dama
Palacio de la Inquisición
Plaza de Bolívar
Cartagena

Señor Don
Nombre y Apellido del Caballero
Calle Real No.10
Barranquilla

Escribir y contestar una carta

Hoy día, aunque es más aconsejable la carta escrita a mano para una carta personal, se puede escribir a máquina.

En los sobres hay que evitar las abreviaturas que se prestan para confusiones como P en vez de plaza o K por carrera y C por calle.

En correspondencia dirigida a personas de habla inglesa, evitar St. por Street o Ave por Avenue. Una carta escrita a una persona de distinción llevará en el sobre su título o a los diplomáticos su rango. En español se emplea el trato escrito de Su "Excelencia" para personas en altos cargos del Gobierno y para embajadores y autoridades eclesiásticas.

En las cartas comerciales, para el nombre y la dirección hay que observar las indicaciones que trae el membrete de la empresa a la que se responde.

Es importante, después del saludo, entrar a tratar el tema principal motivo de la carta.

Al contestar se debe nombrar la referencia enunciada por el remitente. Esta información viene en la carta, en la parte superior izquierda tres espacios debajo de la dirección y tres espacios antes del encabezamiento.

Modelos de carta

El formato. El más empleado es: fecha, nombre y dirección en columna del margen izquierdo del papel y dejando cuatro espacios entre la fecha y el resto del nombre y de la dirección:

Márgenes.   Derecho: 4 espacios
            Izquierdo: 3 espacios
            Superior: 7 espacios
            Inferior: 3 espacios.

Comenzando siempre hacia el margen izquierdo se debe escribir:

Lugar, mes, día y año
Tratamiento
Nombre completo
Cargo
Nombre de la empresa
Dirección comercial
Ciudad

Los encabezamientos más usados son:

A un superior: Estimado señor mío - Distinguido señor - Muy distinguido señor - Estimado Señor Fulano De Tal - Estimado señor Don Fulano De Tal.

A un igual: Estimado amigo - Distinguido señor y amigo - Querido amigo - Querido Antonio - Querido amigo y colega - Querido primo - etc.

Entre damas: Señora Fulana de tal - Señorita fulanita de tal - Distinguida señora - Estimada señora - Querida amiga - Amiga mía - Querida Karen - Estimada amiga Diana - etc.

Dos formas de introducir cartas en sobre.

De un hombre a una mujer: Distinguida señora y amiga - Distinguida señorita - Estimada amiga - Querida amiga mía - Estimada señora o señorita.

De una dama a un caballero: Estimado amigo - Estimado amigo mío - Amigo mío - Distinguido amigo - Estimado Fulano.

Otros casos

Para personas del servicio: Apreciado Antonio - Mi buena Petra - Querida Luisa.

A un médico: Ilustre doctor - Muy distinguido doctor y amigo - Querido doctor - Estimado doctor Fulano de Tal.

En nuestro medio es costumbre dar el título de doctor a todo profesional. Títulos académicos como Rector, Decano o Profesor son usados también en los encabezamientos.

Las frases de despedida son muy importantes y deben redactarse sencillamente:

Comerciales: Reciba un cordial saludo - Sinceramente le saluda - Atentamente - Atto. S.S. - Attos. SS.SS. - Reciba un cordial saludo - Cordial saludo - Cordialmente - Sinceramente.

Entre amigos: sirven las fórmulas anteriores con algo más de afecto: Con un abrazo de - Con mi sincera amistad - Recibe un cariñoso abrazo de tu amigo Fulano - Cariñosamente - Te abraza - Siempre su affmo. amigo - Affmo. amigo.

Un joven a uno de más edad: Con el respetuoso afecto - Reciba mis expresiones de amistad - A sus órdenes.

A personas más extrañas: Con los mejores recuerdos - Su afectísimo amigo.

Temas de una carta

Hay cartas de agradecimiento que son de cortesía escribir o contestar:

Para agradecer un regalo (sobre todo los de matrimonio), favor referirse al capítulo de matrimonio.

Para dar las gracias por un favor recibido o por una felicitación, enviarlas lo más pronto posible e incluir expresiones como:

Agradecidísimo - Muy agradecido - Eternamente agradecido

Las cartas de pésame deben ser escritas con mucho sentimiento, pero breves. Expresarán solidaridad ante el dolor que embarga a un amigo.

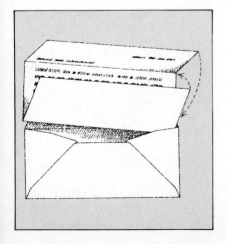

Las cartas de agradecimiento por hospitalidad y atenciones recibidas, deben incluir frases que mencionen algún pasaje especial, agradeciendo las finas atenciones recibidas, lo agradable de la compañía y poniéndose a las órdenes. Un huésped debe dirigir esta carta a la dueña de casa, así haya sido invitado por otro miembro de la familia, en términos respetuosos expresará su agradecimiento.

Las cartas de presentación se entregan abiertas a la persona que hará uso de ellas. Estas es mejor no entregarlas personalmente a menos que sean para solicitar un empleo o posición, o que el portador sea el aspirante y la lleve a su destinatario. Este a su vez puede atender personalmente la petición, aplazarla o por intermedio de alguien entrevistar al aspirante.

Las cartas de recomendación son casi un certificado de buena conducta y hay que considerar que para el portador tiene mucha importancia. Este tipo de carta debe incluir el nombre de la persona recomendada, la duración de amistad o conocimiento que se tiene y el tiempo de servicio, el buen comportamiento del antiguo empleado y si es posible decir la causa del retiro. Este certificado puede ser escrito a máquina. Si es a mano es mejor emplear una tarjeta personal.

Las cartas de reclamaciones o prohibiciones deben escribirse de la manera más cortés posible rogando a esta persona colabore a superar el problema. Ejemplo:

Estimado señor López:

Atentamente nos dirigimos a Ud. para rogarle se sirva mandar a arreglar cuanto antes el alero de su techo que colinda con el apto. 1a. ya que los señores Méndez, nuestros clientes, se han quejado de la continua humedad que les llega por las goteras de su techo a su propiedad.

Estamos seguros que su espíritu de colaboración atenderá este pedido en favor de todos.

Si no ha conseguido la persona adecuada para hacer este trabajo, la Administración pone a su disposición una lista de personas idóneas, capaces de hacer un buen trabajo para Ud

Atentamente,

Inmobiliaria Appleton S.A.
Nombre del remitente.
Administrador

Un texto aproximado para una carta de referencia.

Referencia: Nombre de la persona - Profesión.

Estimado señor y amigo:

De la manera más atenta nos permitimos dirigirnos a Ud. para rogarle nos facilite todas las referencias personales y profesionales del señor —Nombre de la persona— y la información de su trabajo que como analista prestó a su empresa.
Atentamente,
Nombre de la compañía
Nombre del Remitente
Sobre el estilo que se debe usar en las cartas comerciales hay manuales de correspondencia muy completos aunque a veces toca actualizarlos.

Tarjetas

Tarjetas de presentación

Las tarjetas de presentación son las que dejan nuestro nombre escrito ante otra persona o entidad. El papel o cartulina debe ser de muy buena calidad así como la impresión y la muy sucinta redacción que ella requiere. Las hay de presentación o visita, comerciales, profesionales, académicas, oficiales, diplomáticas.

Para caballero - De Visita:
10×6 cm. Presentación: $9 \ 1/2 \times 6$ cm.
Para dama - De visita:
$8 \ 1/2 \times 5 \ 1/2$ cm. Presentación: $9 \times 5 \ 1/2$ cm.

Para jóvenes y jovencitas: Visita: $7 \ 1/2 \times 5$ cm.

Para niño de $6 \times 3 \ 1/2$ cm.

Para la de la pareja - De visita: el nombre completo del señor y debajo el nombre completo de ella; éstas son de $9 \ 1/2 \times 6$ cm.
Si esta tarjeta de la pareja dice: el nombre del Sr. y Sra. puede ser ligeramente más pequeña.
Las tarjetas de presentación plegadas en dos son un poco más grandes, cuadradas o rectangulares. Llevan impreso el nombre en la solapa superior; la de adentro, en blanco para escribir a mano algún mensaje, son de $12 \ 1/2 \times 8 \ 1.2$ cm, y el sobre 12.8×9 cm.

Tarjetas de invitación

Tarjetas de participación e invitación a un matrimonio.

La redacción de estas tarjetas es muy convencional y los textos muy parecidos. Ejemplos:

Escrita solamente al lado derecho así:
Nombre y apellidos padre de la novia
Nombre y apellidos madre de la novia

Nombre y apellidos padre del novio
Nombre y apellidos madre del novio

Participan el matrimonio de sus hijos
Nombres de los novios
Ceremonia religiosa que oficiará Monseñor
Nombre completo del sacerdote, el día sábado
veintiséis de Agosto de mil novecientos noventa
a las siete y treinta de la noche en la Iglesia
de la Torcoroma del Alto Prado
Avenida del Alto Prado

Inserta en esta tarjeta viene la invitación de los padres de la novia:

Nombre y apellidos padre de la novia
Nombre y apellidos madre de la novia
Tienen el gusto de invitar a usted
a la ceremonia religiosa
y a la recepción que ofrecerán
en el Country Club de Barranquilla
R.S.V.P.
Tel.: 234568 Corbata Negra
Barranquilla, Agosto de mil novecientos noventa
Lado izquierdo:
Nombre y apellidos padre de la novia
y su señora
Nombre y apellidos madre de la novia

Participan el matrimonio de su hija
Nombre de la novia
con el señor
Nombres y apellidos del novio
Ceremonia que se celebrará en la Capilla Primada,

el día sábado dieciséis de Mayo a las doce del día Carrera 2a.
No. 90-50 Apto. 502
Lado derecho:
Madre del novio
Participa el matrimonio de su hijo
Nombre del novio
con la señorita
Nombre y apellidos de la novia
Ceremonia que se celebrará en la Capilla Primada,
el día sábado dieciséis de Mayo a las doce del día
Bogotá, Mayo de mil novecientos noventa

Tarjeta de invitación para la recepción

Inserta en esa tarjeta viene una tarjeta suelta con la invitación de los padres de la novia. Cuando la recepción tiene lugar fuera de la ciudad es un detalle incluir un pequeño plano de cómo llegar.

Padre de la novia
y su señora
Madre de la novia

Tienen el gusto de invitar a usted a la ceremonia religiosa y a la recepción que ofrecerán a continuación en la hacienda La Casita, Tenjo.

R.S.V.P.
2110885
Bogotá, Septiembre de mil noveciento noventa
Hay que tener en cuenta que en la redacción de estas tarjetas el orden es el siguiente:
Padre de la novia - madre de la novia - Padre del novio - madre del novio - Los novios - Dirección de la novia - Lugares de ceremonia y recepción - Vestido requerido - R.S.V.P. o S.R.C.

Tarjeta cuando participan los novios:

Nombre del novio
Nombre de la novia
Tienen el gusto de participar
a usted su matrimonio
que tendrá lugar el día
sábado diez de diciembre
de mil novecientos ochenta y nueve

Las medidas de las tarjetas de matrimonio más usadas son las de 14 × 18 1/2 cm o 13 1/2 × 19 cm, siendo la de invitación que viene dentro medio centímetro más pequeña y el sobre medio centímetro más grande. Este sobre debe ser escrito a mano y ojalá con una letra gótica o inglesa grande y en tinta negra.

Los colores acostumbrados son el blanco, el blanco marfil, el beige, el gris pálido o azuloso y hasta un beige rosado. El monograma a relieve con los nombres de los novios entrelazados puede colocarse en la parte de afuera y para esto es necesario que la tarjeta venga doblada en cuatro.

Modelos de tarjetas

Para una reunión o fiesta:

Nombre del anfitrión
Nombre de la anfitriona

Tienen el gusto de invitar a _____
a _____ofrecerán _____
el día _____a las _____
en _____

R.S.V.P.

Para fiesta de quince años:

Nombre y apellidos de la quinceañera
Tiene el gusto de invitar a usted a la recepción que ofrecerá
con motivo de sus Quince Años
el día   a las
Dirección Traje de Calle

Para anuncio o invitación de nacimiento o bautizo
Lo más acostumbrado es poner una tarjeta pequeña con el nombre del bebé anudada por el centro con una cinta azul o rosada a una tarjeta más grande con toda la información de padres y abuelos:

Pedro Alfonso
Bautizo, Mayo 15, 1989
Nombre del padre   Nombre de la madre
Lugar   Dirección
Nombre y apellidos del recién nacido
Abril 12, 1989

Forma de introducir invitaciones en el sobre, según sean verticales u horizontales.

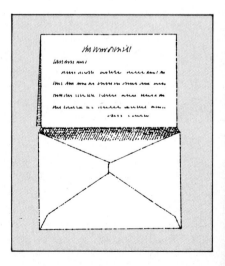

Nombre y apellidos del papá   Nombre y apellidos padrino
Nombre y apellidos de la mamáNombre y apellidos madrina
Abuelos paternos: Abuelos maternos:
Nombre y apellidos abuelo   Nombre y apellidos abuelo
Nombre y apellidos abuela   Nombre y apellidos abuela
Mayo 12 de 1989

Modelo de estampa de Primera Comunión:
Nombres y apellidos del comulgante
Recuerdo de mi
Primera Comunión
Colegio
Bogotá, Mayo 5 de 1989

Modelo de invitación para un Bar Mitzvah:
Nombre y apellidos del padre
Nombre y apellidos de la madre
Tienen el gusto de invitar a usted
al Bar Mitzvah de su hijo
DANIEL
Ceremonia que tendrá lugar el jueves
siete de agosto de mil novecientos
ochenta y nueve
a las nueve de la mañana en la
Sinagoga   y al desayuno
que ofrecerán en
Dirección Sinagoga
Residencia   Ciudad

Tarjetones

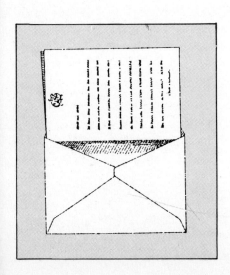

Estos tarjetones en cartulina fina y cuyo tamaño aproximado es de 17 × 11 1/2 cm, son los que se acostumbra enviar para invitaciones oficiales, diplomáticas, inauguraciones, conmemoraciones y otras ceremonias.

Se usa poner el escudo respectivo en las oficiales o diplomáticas, o el logotipo de la entidad en el centro. Debajo el nombre completo de quien invita, su título y luego el texto impreso cuando es algo importante; otras traen impreso solamente parte del texto, dejando una o dos líneas para escribir a mano y en tinta negra el nombre del invitado. Ejemplos:

Virgilio Barco
Presidente de la República de Colombia

Tiene el agrado de invitar a usted a la Clausura de la Reunión Conmemorativa del XX Aniversario del Acuerdo de Cartagena en el Centro de Convenciones con la asistencia de los Excelentísimos Señores Presidentes de Ecuador, Perú, Venezuela y S.E. el Señor Ministro de Relaciones de Bolivia.

Salón Barahona 4   Traje de Calle
Día: Viernes 26 de mayo   Se ruega presentar esta
Hora: 16.00 horas   invitación a la entrada
El Presidente del Congreso
tiene el honor de invitar a _____

_____

a la ceremonia de posesión del Señor Presidente de la República, doctor Virgilio Barco Vargas, que tendrá lugar el día 7 de agosto a las 3.00 p.m. en el Salón Elíptico del Capitolio Nacional

- Traje de calle oscuro   Bogotá, agosto de 1986
                                                  Esta tarjeta es personal y deberá
                                                  presentarse a la entrada.

Conmemorativa. Esta invitación puede ser escrita toda a mano o impresa así:

El Embajador de la República de _____
Nombre del Embajador
Con motivo de la iniciación de
Tiene el honor de invitar al señor Fulano de Tal
a una recepción el día 9 de mayo de 198— a las 7:00 p.m. en

R.S.V.P. Tel.: xxx Ciudad

Inauguración.
Logo

                                        Nombre de la entidad
Se complace en invitarle a un vino de honor que ofrecerá con motivo de
Fecha:
Hora :
Lugar:

Invitación de las Fuerzas Armadas

Escudo Armada   El Contralmirante Fulano de Tal
Nacional Director de (Nombre de la escuela)

Invitación Presidencial

Invitación Pre-Impresa

176

Invitación de grado

Colegio Mayor de Nuestra Señora del Rosario
Facultad de Jurisprudencia

Alfonso Llorada Camacho y su señora Alicia Ricaurte de Llorada participan a usted el grado de Abogado conferido por el Colegio Mayor de Nuestra Señora del Rosario a su hija Alicia.

Bogotá, Julio 19 de 1959

Tiene el honor de invitar
A
a la ceremonia de graduación de los Tenientes de Corbeta y Subtenientes de Infantería de Marina de las promociones Naval xxx e Infantería de Marina xxx que, presidida por el Señor Presidente de la República, se llevará a cabo en la Plaza de Armas el 27 de Mayo a las 19:00 horas.

Uniforme: 2 A. R.S.V.P. Tel.: xx
Traje: de calle completo. Ciudad, Año
Participando el graduado.

Graduaciones.- Participando el graduado
Nombre de la Universidad
Nombre del graduado
Título obtenido
Dirección
Participación Ciudad, mes y año

Nombre de la Universidad
Nombre de la Facultad
Nombre de los padres del graduado
Participan a Ud.(s) el grado de Ingeniero Civil de su hijo
Nombre del graduado

Dirección de la Universidad, Ciudad y año
Fecha

Tarjetas de pésame

Hay dos clases de tarjetas de pésame: la que se deja cuando no hemos podido expresar personalmente las condolencias, y la que se envía pasado un tiempo prudente. Casi siempre se espera un mes. También están las que envían los dolientes a todos aquellos que se han manifestado solidarios con su dolor. Ejemplos: Nombre de la persona impreso en su tarjeta de visita y en el extremo derecho escrito a mano alguna de las siguientes expresiones: Sentido pésame - Sinceras condolencias - Condolencias.
También se usan iniciales cuyo significado viene del francés pero que son universalmente admitidas:
p.c. (pour condoler) = para expresar el pésame
p.p.p. (pour prende part) = Para expresar el pésame

NOMBRE DEL QUIEN DA EL PESAME

(Manuscrito) Sentido pésame

La tarjeta que envían los deudos tiene el siguiente orden de precedencia:
Nombre del esposo o esposa sobreviviente o los padres del difunto Nombre de los hijos y sus señoras, si son casados, por orden de edad. Ejemplo:
Nombre de la viuda o de la madre Nombre del hijo mayor
Nombre completo de su señora
Nombre del hijo soltero
Nombre de la hija soltera.
Agradecimientos

Otras iniciales que se usan escritas a mano en tarjetas de visita:
p.f.: Pour feliciter = para felicitar
p.p.: Pour présenter = para presentar
p.p.c.: Por prend congé = para despedirse
p.r.: Pour remercier = Para agradecer
Las tarjetas con la anotación p.p. se usan para presentar a alguien no a uno mismo y las de las iniciales p.p. - p.p.c. y p.r. no se contestan.

Tarjetas de felicitación

Las tarjetas de felicitación para Navidad son universalmente aceptadas. Llevan imágenes alusivas a la festividad y textos impresos que expresan la alegría cristiana por conmemorar el nacimiento de Jesús. Generalmente también se desean en la misma tarjeta los buenos augurios para el Año Nuevo.
Muchas veces la tarjeta de Navidad se convierte en el único vínculo que se conserva a través de los años con amigos que viven lejos. Estas tarjetas hay que contestarlas y se sugiere llevar una lista de las recibidas en los años anteriores, para enviarlas aunque no hayan llegado.
También es costumbre enviar telegramas muy breves así:
Felices Pascuas y Año Nuevo - Felices Navidades - Muy feliz Año Nuevo les desea - Cordiales saludos con motivo del Año Nuevo de 19... y Muy Felices Pascuas y Próspero Año Nuevo.
Estas tarjetas se envían a parientes y amigos. En cuanto a enviarlas a personas de importancia o autoridades oficiales, si no existe una amistad anterior a la posición que estas personas ocupan es mejor abstenerse, para no dar la impresión de querer llamar la atención.

VIII-Atenciones

Regalos

Expresar un sentimiento a otra persona, ya sea de alegría o de tristeza, es una atención, un gesto cortés y por lo tanto objeto de una regla de etiqueta. Las atenciones pueden ser un regalo, una llamada telefónica, un telegrama, una carta o unas palabras de viva voz. Una de las maneras más significativas para hacer una atención es regalar.

Cómo, cuándo y por qué se debe hacer un regalo depende del grado de amistad o de oportunidad que debemos a la persona o personas a quienes deseamos hacer una atención.

Es mejor regalar procurando acertar con los gustos de la persona a quien deseamos hacer el regalo, y no considerando nuestros gustos personales.

Flores, dulces, chocolates o un libro son siempre regalos que se pueden dar o recibir sin que signifiquen mayor compromiso. Un caballero envía flores a una dama, ya sea porque es la anfitriona de la reunión a la cual ha sido invitado, para expresar su admiración, para felicitarla por su cumpleaños o porque ha sido promovida a una posición importante.

Regalar por regalar "cualquier cosa" es algo que no cumple con la función de la cortesía, o sea el deseo de agradar a otra persona. Pensemos por un instante en la persona a quien vamos a hacer la atención, en sus gustos, en su ambiente o en su edad.

Al dar algo hay que tener en cuenta si implicamos una reciprocidad, como por ejemplo los regalos de Navidad o de cumpleaños. Si no nos une un lazo familiar o de amistad muy estrecho, es mejor recurrir a los ejemplos anteriores que a un regalo costoso. Esto puede obligar a la otra persona a corresponder en la misma forma o con un servicio.

Un huésped se presenta con un regalo para los niños o para la dueña de casa. Algo oportuno y gracioso y no muy ostentoso.

Un hombre de negocios, al obtener una transacción favorable, puede manifestarse con un regalo a su cliente o intermediario, siempre y cuando lo haga después porque antes o en medio de la negociación podría tomarse por un soborno o una forma de obligar.

La mejor recompensa que se recibe al regalar algo es cuando lo hacemos a un niño. La expresión de su cara, su alegría, su curiosidad por abrir el paquete, son pequeños detalles que endulzan la vida. Juguetes, dulces, ropa, libros de cuento o algo para practicar su afición favorita son las mejores opciones.

Una dama puede recibir de un caballero flores, bombones, libros, la suscripción a una revista, unas boletas para ir con sus amigos al teatro sencillamente dando las gracias. Prendas de vestir, joyas, dinero sólo se aceptan de sus familiares cercanos o de su marido.

Los jóvenes pueden aceptar de una persona mayor una ayuda para estudios, unas acciones para comenzar su capital o algo por el estilo. Este regalo debe acompañarse de unas palabras explicativas.

Los regalos de bautizo, primera comunión, graduación y matrimonio están contemplados en su respectivo capítulo.

Es costumbre que los invitados de honor envíen flores a sus anfitriones. Al recibirlas deben colocarlas en un sitio en donde puedan ser apreciadas. Dar las gracias.

Cuando la amistad y el carácter íntimo de la reunión lo permita es correcto que un invitado lleve algo como un buen vino o una caja de chocolates. Si su invitado es europeo seguramente procederá así.

La fecha clásica para hacer regalos es la Navidad. Una compañía puede enviar regalos a sus empleados y a sus clientes. Los familiares y amigos intercambian regalos y es la oportunidad para que los esposos, los novios, los padres y los hijos se regalen.

Todos los regalos exceptuando las flores se deben entregar bien presentados, es decir envueltos o en novedosas bolsas decoradas, cajas o estuches. Al recibir un regalo hay que dar las gracias y abrirlo inmediatamente.

En ocasiones es permitido que dos o más personas se reúnan para hacer un regalo. Por ejemplo, el personal de una compañía para un compañero de trabajo, amigos invitados a una misma fiesta para regalar algo de más valor y en algunas regiones de nuestro país para hacer un regalo de matrimonio. También se usa hacer un regalo para varias personas, como en Navidad enviar un solo regalo para varios niños de una misma familia.

Cuando un noviazgo se rompe, la novia debe devolver a su exnovio los regalos de valor recibidos. Lo mismo los regalos de los showers tanto de la familia de la novia como la del novio.

Si un regalo enviado directamente del almacén llega en mal estado es correcto devolverlo explicando el estado en que se recibió y dar aviso a la persona que lo regaló aclarándole lo ocurrido.

Sugerencias de regalos que una novia puede hacer a su futuro esposo: un par de mancornas, un reloj, un llavero fino y si fuma un bonito encendedor.

Regalos de cumpleaños

Para los niños: juguetes, dulces, ropa, juegos, libros de cuentos.

Para los jóvenes: discos, cassettes, video cassettes, programas de juego para computadora, dijes, aretes, libros de interés para ellos, cajas musicales, cajas de papel carta o de esquelas, perfumes, accesorios de moda, afiches, algo decorativo para su cuarto, artículos deportivos y ropa, entre otras muchas opciones.

Entre marido y mujer es más detalle regalar algo para uso personal que artículos para la casa. Un regalo para su afición favorita o una joya.

Entre amigos: Estos regalos entre amigos dependen mucho del grado de amistad. Sugerencias: libros, suscripciones, bono para un almacén, algo de comer como jamones, enlatados finos, licores, conservas, chocolates, artículos de escritorio, discos, cassettes, cosméticos, perfumes, flores, plantas, frutas, etcétera.

Para un jefe, profesor o compañero de trabajo es mejor reunirse entre varios y hacer un solo regalo.

Regalos entre parejas de novios: Retratos, portarretratos, billeteras, joyas no muy costosas, agendas, estilógrafos, algo que le recuerde un pasaje del noviazgo, camisas, camisetas, corbatas, pañuelos, bufandas, pañoletas o libros de actualidad. Nunca regale un libro sin antes conocer su contenido.

Para profesionales como doctores, abogados y otros, un paciente o cliente agradecido puede aprovechar la temporada de Navidad y enviarles: anchetas o canastas surtidas, una botella de vino o licor muy especial, algo para su deporte favorito, estilógrafos, un objeto artístico, un ponqué de Navidad, enlatados escogidos como caviar, salmón o jamones.

No es aconsejable regalar algo que nos hayan dado y mucho menos si ese regalo no nos ha gustado.

Las circunstancias para correctamente rechazar un regalo son muy particulares: una mujer no recibe joyas costosas ni dinero de un admirador, sino de su padre o de su marido. Hay que devolver estos regalos con la mejor de las sonrisas y una frase amable.

Regalos de dinero pueden dar a entender que quien los da no desea tomarse el trabajo de ir a escogerlo y comprarlo. Por esto y por no herir la susceptibilidad de una persona necesitada, hay que tener mucho tacto para este tipo de regalo.

Cuando una pareja de recién casados se encuentran con que tienen regalos repetidos, es correcto tratar de cambiarlos por algo del mismo valor. Si es de un familiar explicar por qué lo han cambiado.

Entre la gente joven es frecuente dar cuotas, las cuales no se consideran regalos sino contribuciones. Se usan, por ejemplo, para organizar una fiesta y se llaman "hacer una vaca", o sea reunir dinero para los gastos.

No se necesita dar las gracias por escrito cuando se recibe un regalo en persona por un cumpleaños, un shower o cualquier otra ocasión. La recién casada sí debe agradecer cada uno de los regalos recibidos en una esquela escrita a nombre de los dos y especificando el regalo recibido.

No hay que olvidar que todo regalo se debe agradecer ya sea verbalmente o por escrito, manifestando la satisfacción que dicha atención nos ha proporcionado.

agradecimiento

Julio Gómez Ayala
Amparo González de Gómez

Jorge Pardo Lemos
Yolanda González de Pardo

Rafael González Sandoval
Patricia Yances de González

Sincero Agradecimiento

Agradecimientos y felicitaciones

Expresar por escrito nuestros agradecimientos por una atención recibida es un gesto de cortesía. Felicitar a alguien por haber sido objeto de alguna distinción tal como título académico, una medalla, una condecoración o una exaltación en la prensa, también es otra manera de expresar por escrito nuestros sentimientos.

Los agradecimientos se dirigen a la persona o personas que enviaron el mensaje y lo firmaron.

Para agradecer una felicitación:

Agradecemos muchísimo su amable mensaje
Muy agradecido. Reciba usted un cordial saludo.
Agradeciendo sus gratas palabras de felicitación.

Para felicitar a alguien:

Felicitámosle merecida exaltación.
Celebramos con usted tan merecida condecoración.
Leímos con verdadero regocijo las justas apreciaciones publicadas el día ———— sobre su persona.
Deseámosle buen éxito en tan importante y merecida posición.
Nuestro idioma es muy rico en expresiones tanto de alegría como de dolor. Los modelos anteriores son apenas una muestra de lo que más se acostumbra a enviar.

IX- En público

"Por favor..."

Si una persona observa buenos modales y buen comportamiento en su casa, seguramente no tendrá dificultades para actuar en público. Una regla básica para el comportamiento en público es sin duda no llamar la atención con una conducta diferente a la que se espera del público. Cada lugar tiene su etiqueta de comportamiento y, como es lógico, de vestido.

Cuando vamos a entrar a un almacén, al cine o a un concierto, o estamos en la antesala de un odontólogo esperando con angustia a que digan "por favor, el siguiente", nos hallamos expuestos a los peligros de la crítica del público. La gente bien educada no se desenvuelve de distinta manera en privado que en público. Pero, seamos sinceros, más de uno actúa sin pensar ni querer, con precipitación, cometiendo faltas.

En público

El mejor modo para comportarse bien en los sitios públicos es comportándose bien en casa. Esta sencilla verdad se descuida con frecuencia. Observando el comportamiento de la gente en público podemos sacar conclusiones bastante acertadas sobre la conducta en su casa. Las buenas costumbres, insistimos, no se deben emplear de vez en cuando, como si se tratase de un vestido de fiesta; se usarán siempre y esto sólo será posible si las ejercemos constantemente.

Al entrar a un lugar público, la persona bien educada tendrá cuidado de no dar con la puerta en la cara al que viene detrás.

Cuando una dama va acompañada de un caballero, éste se adelantará a abrirle la puerta para que pase delante. De dos caballeros o dos damas, pasará primero el de mayor edad. Esta regla de etiqueta es la misma para entrar a un teatro, un cine, un museo, una galeria, un restaurante, etcétera.

Clubes

Una persona, al hacerse socio de un club privado, debe enterarse de las reglas con que se rige dicho club y acatarlas. En estas normas se indican no sólo el comportamiento del socio y su familia sino que el socio se hace responsable de la actuación de sus invitados.

Para quejas o sugerencias, ojalá positivas, debe dirigirse al vocal de turno o por medio de una carta al presidente del club y su junta directiva. Estos clubes tienen generalmente un administrador, a quien compete el buen servicio que espera el socio, el comportamiento de los sirvientes y la presentación, aseo y decoración del lugar.

Los clubes campestres o deportivos, como su nombre lo indica, comprenden actividades deportivas como tenis, golf, pesca, navegación, natación, billar, squash y saunas. Hay clubes tipo inglés, o sea exclusivamente para caballeros, aunque en nuestro medio ya son aceptadas las damas en muchas de las áreas de estos clubes, como son los comedores, reservados y salones de recepción. Los señores se reservan salones de juegos de mesa, bares y salas de tertulia.

Hay otro tipo de clubes como son los de profesionales, de gentes de letras, y clubes exclusivos para señoras, no muy frecuentes en nuestro medio, pero que brindan un ambiente muy acogedor para damas que quieren reunirse a jugar, a almorzar o comer y para llevar a sus amigas que visitan la ciudad.

Iglesias

En nuestros países de mayoría católica es importante hacer énfasis en el comportamiento que debemos observar en nuestros lugares de oración y recogimiento.

Hasta hace poco tiempo para ir a la iglesia las damas debían cubrirse la cabeza con un velo, mantilla o sombrero; los señores, por el contrario, debían quitárselo. Las damas debían vestirse de una manera sobria sin escotes y no eran admitidos los pantalones, sobre todo para acercarse a comulgar. Hoy día estas costumbres se han ido modificando y en realidad toda persona que quiera entrar a una iglesia puede hacerlo con el atuendo que lleve en ese momento. Ojalá no sea en shorts muy cortos o en vestido de baño.

Las limosnas para el culto o las ofrendas para el templo se entregan de varias maneras. Damas o caballeros se hacen cargo de la recolecta con el cepillo. Es cortés que sea el caballero o el esposo el que deposite su óbolo por toda la familia pero es muy bonito enseñar a los pequeños a contribuír también. En algunas iglesias hay huchas para contribuciones que generalmente se depositan en un sobre cerrado. Un donativo importante se debe entregar al párroco.

El respeto es la gran cualidad que debe observar un buen cristiano en todos los actos religiosos y que en casi todas las religiones se traduce en permanecer callados, atentos y con dignidad.

Es correcto saludar con una inclinación de cabeza o con una sonrisa a un conocido, ojalá antes de comenzar la misa u oficio religioso. No es correcto tratar de establecer una conversación, hacer comentarios, murmurar o reírse. Tampoco es cortés hacer presentaciones.

En el único acontecimiento religioso en que se permite saludar, conversar y hasta hacer algunas presentaciones es en los matrimonios, mientras se espera la llegada de la novia, pero todo esto en voz muy baja.

Clínicas y Hospitales

Antes de dirigirse a visitar un amigo a una clínica asegúrese cuáles son las horas de visita. Algunos hospitales no permiten más de dos personas en la habitación del enfermo y esto lo controlan las enfermeras por medio de tarjetas que dan en la recepción. En otros hay pequeños salones de espera, cercanos a los cuartos donde atienden a las visitas los familiares del enfermo o se espera turno para saludarlos.

Una visita a un enfermo debe ser corta. Hablar en voz baja. No es correcto llevar ninguna clase de alimentos sino más bien flores, pequeñas plantas, revistas o un buen libro. Asegurarse sobre cuál es la dieta del enfermo y llevarle algo que le apetezca. Estas atenciones las agradecerá el enfermo cuando esté mejor. En caso de un desenlace fatal los familiares se encargarán de dar estos agradecimientos.

A un enfermo no se le debe interrogar detalladamente sobre los males que los aquejan sino simplemente "¿cómo se siente?". Si usted es el enfermo, tampoco dé pormenores, a veces morbosos, de lo mucho que ha sufrido con su operación o sus achaques.

Ante una grave enfermedad la mejor manera de expresar nuestro aprecio por el enfermo consistirá en estar pendiente de su salud, ofrecer ayudar en cualquier diligencia y no preguntar detalles del curso de la enfermedad.

Viajes

Hay distintas clases de viaje: por placer, de negocios, de descanso, en representación de su país o de una organización. De todas formas significa proyectar nuestra imagen ante extraños por medio de nuestros conocimientos de etiqueta, buenos modales y comportamiento.

Una completa información sobre los viajes de negocios la tratamos en el capítulo de los ejecutivos.

Al realizar un viaje de placer debemos prepararnos para disfrutar de él plenamente. Conseguir la mayor información posible acerca de transporte, comodidades locativas que ofrezcan los lugares, precios y cambio con respecto a la moneda.

Una manera práctica de enterarse de los pormenores del viaje es averiguando con amigos que ya lo hayan hecho, el diario de viaje de una persona, leer algo sobre la historia y la cultura de la región o país que deseamos visitar. Enterarnos del folclor, la música, sitios de interés, de diversión, de compras y artesanías.

La idea de que un viaje de placer o de turismo, es un descanso es un poco errada. Itinerarios muy extensos agotan. El turista debe prepararse para caminar o estar en pie por largo tiempo. Hay que pensar en ropa y zapatos cómodos de acuerdo con el clima que vamos a encontrar, chequear un perfecto estado de salud y escoger si queremos viajar solos o en grupo.

Las agencias de viajes le proporcionan a uno toda la información tanto de transporte como de hospedaje, garantizan la reserva y como tienen sucursales por todo el mundo nos proporcionan la seguridad de que en cualquier contingencia no estaremos solos.

El uso de la tarjeta de crédito se hace indispensable ya que en la mayoría de los hoteles en el mundo exigen este requisito para aceptar huéspedes.

Reservaciones

Si no queremos tener contratiempos, lo primero que hay que hacer son las reservaciones, ya sea a través de las agencias de viajes. Si somos del tipo individualista hacer por lo menos con un mes de anticipación las reservas del caso tanto de transporte como de hospedaje.

Las agencias de viajes no sobrecargan el costo de este servicio, pues a ellos le reconocen los medios de turismo un porcentaje sobre las ventas.

Ofrecen paquetes a precio fijo de excursiones con comodidades de pago, a un año o más. Asegúrese de la reconfirmación de todas estas reservas antes de iniciar el viaje. Las reservas de transporte deben hacerse al tiempo con la de los hospedajes y demás actividades turísticas.

Cuando se viaja en grupo se presenta un inconveniente que los turistas avezados han resuelto con ingenio. Cada persona o pareja tiene gastos pagos de pasajes, alojamiento y hasta algunas comidas. Pero hay una serie de gastos en común, como ir a sitios de diversión, a teatro, a excursiones no comprendidas en el paquete. La mejor manera de solucionar esto es con lo que los americanos llaman "kitty" y nosotros "vaca", que cada pareja ponga la misma suma de dinero al comienzo del viaje, y la vayan reponiendo a medida que se gaste, cuando sea necesario. Así se evitan discusiones sobre un tema delicado como es el de los gastos.

Los padres de familia o responsables de niños deben escoger cuidadosamente quién se va a hacer cargo de la familia. Si hay abuelos deseosos de gozar la presencia de sus nietos por una temporada, no hay problema, pero a veces esto no es posible y hay que recurrir a una persona responsable, bien recomendada y generalmente esto se encarga más a una mujer que a un hombre.

A estas personas hay que dejarles direcciones y teléfonos de familiares, amigos, médicos, etcétera. Una lista sucinta de esta sugerencia la damos a continuación:

— Abuelos, tíos o familiares cercanos: Dirección y teléfono.

— Escuela, colegio, universidad: Dirección, teléfono, maestro, profesor o decano encargado de la educación de sus hijos.

— Teléfonos de las oficinas de los padres y el nombre del empleado de confianza a quien recurrir.

— Médicos, pediatra y médico de cabecera de la familia: Teléfono.

— Farmacia adonde se tiene crédito y envían medicinas a domicilio: Dirección y teléfono.

— Para reparaciones locativas: Dirección y teléfonos del plomero, electricista, compañía de gas, de electricidad, acueducto y teléfono. La tienda para pedir artículos diversos y la carnicería adonde nos conocen.

Instruir a la persona encargada del manejo de la casa dónde están las válvulas de agua, los pilotos de gas, tableros eléctricos con interruptor central y extinguidores de incendio.

Si usted toma estas precauciones con seguridad gozará más su viaje porque tiene la tranquilidad de saber que su familia queda protegida.

Cuando no queda nadie en casa hay sugerencias para evitar robos:

— Suspenda temporalmente los despachos a domicilio de leche, pan, periódico y correo.

— Procure que los despachos de lavandería o de cualquier otro artículo que rutinariamente llegue a su casa lleguen antes de usted marcharse.

— Deposite en una cajilla de seguridad en su banco joyas, documentos y papeles de valor.

— Instale el contestador automático pidiendo dejar mensajes, pues están ausentes temporalmente de la casa.

— Notifique al puesto de policía más cercano su viaje y la duración de éste.

— Recomiende a su vecino sus plantas y facilítele una dirección a dónde avisar cualquier emergencia que observe en su casa.

— Si tiene animales domésticos déjelos con su veterinario.

— No permita que la prensa publique su partida ni su itinerario, más bien que lo saluden a su regreso.

— Si puede costearse un celador muy bien recomendado contrátelo.

Los documentos de viajes como pasaportes, visas, certificados de salud deben gestionarse con semanas de anticipación. Revíselos antes de emprender el viaje.

Es aconsejable llevar algo de moneda extranjera en efectivo. Lo mejor para evitar contratiempos monetarios es llevar travellers checks, tarjetas y cartas de crédito o documentos de presentación para un banco extranjero.

En nuestro país somos muy inclinados a resolver viajar a última hora. Hay que atenerse a las consecuencias por no haber tomado todas las precauciones anteriores.

Seguros de vida, de viaje, de accidentes son también medidas sabias para viajar con tranquilidad.

Estas mismas reglas pueden aplicarse a viajes o excursiones dentro de nuestro país, pues cada día crece el turismo nacional y es sorprendente la cantidad de lugares interesantes que ofrece nuestro país.

Hoteles

Cuando llegamos al hotel de una gran ciudad encontraremos un portero que nos abre la puerta del vehículo. Este y un botones se hacen cargo del equipaje. Le preguntarán si tiene reservaciones. Usted entra y se dirige a la recepción en donde le facilitarán un formato para llenar con su nombre, las personas que lo acompañan, lugar de procedencia, número de su tarjeta de crédito y agencia por medio de la cual hizo la reserva.

Lo primero que hay que hacer es registrarse en la recepción. En los hoteles de cuatro o cinco estrellas hay una recepción, sección de caja, buzón para cada habitación, cajillas de seguridad para los objetos de valor y una persona encargada de las relaciones públicas. Es importante registrar las firmas responsables para utilizar los servicios del hotel.

En los hoteles pequeños generalmente hay una o dos personas para todos estos servicios y en Europa el personaje más importante para atender a los huéspedes es el conserje o "concierge". Esta es la persona que consigue las boletas difíciles para un espectáculo, el taxi de urgencia para transportarse, se encarga de paquetes o recados para los pasajeros, y miles de pequeños detalles.

El jefe de botones entrega a uno de ellos la llave o tarjeta que abre la habitación que le han asignado, lleva las maletas ya sea por el ascensor de carga o en el de pasajeros. Al llegar a la habitación les indica cómo hacer uso de los servicios que ofrece el hotel y espera cortésmente una propina.

Al retirarse a sus habitaciones asegúrese de que la puerta quede bien cerrada. Si desea el desayuno a una hora determinada encotrará una esquela con dos o tres menús de desayuno y que se cuelga del lado afuera en el pomo de la puerta. También hay otro aviso que dice "No molestar" o "Do not disturb" si usted no desea ser molestado en las horas de la noche o de la mañana.

A través del teléfono se pueden obtener todos los servicios del hotel como cafetería, comedor, lavandería o ama de llaves. Un viajero bien vestido y con maletas bien conservadas es tratado con cortesía. No son aconsejables las cajas y paquetes amarrados con cordeles. Por su maleta se conoce al viajero.

Un huésped bien educado cuida como en su casa la dotación que le ofrece el hotel y por ningún motivo se lleva como recuerdo toallas, ceniceros, ropa blanca o lámparas, pues son propiedad ajena.

Propinas

La costumbre de dar una propina hoy día es universal. El ideal sería que toda persona que presta un servicio estuviera tan bien pago que no dependiera de la "propina". Meseros, porteros, equipajeros, camareras, dependen de un sueldo básico a veces muy bajo y de las propinas. Voluntario o no, hay cierto patrón o porcentaje según el servicio prestado.

El concepto de la generosidad en las propinas, sin llegar a la ostentación, es el de obtener o agradecer un mejor servicio.

Comencemos por el servicio doméstico a quienes cuando atienden una reunión en casa durante muchas horas es lógico reconocerles algo en dinero aparte de su sueldo o salario contratado.

El porcentaje que se estipula en lugares públicos depende mucho de la categoría del establecimiento. En nuestro país en un restaurante de primera clase se da el diez por ciento de la cuenta total y si un anfitrión invita a un grupo grande debe también dar una propina de importancia al maître o jefe de camareros. Si el servicio es verdaderamente impecable es aconsejable un porcentaje mayor. En todo caso no debe pasar de un quince por ciento. Como en el caso de un grupo son varios los camareros que atienden se le da al jefe de ellos la suma para que sea dividida entre todos.

Si se paga con tarjeta de crédito se puede incluir la propina en la cuenta o ponerla en efectivo discretamente en la bandeja en donde traen la cuenta.

En los restaurantes, cafés y demás sitios donden hay música viva es correcto si llegan a nuestra mesa a tocar una o dos canciones el caballero o anfitrión debe darles una propina.

En los bares es costumbre también dar propina al cantinero, no así en los sitios en donde hay autoservicio, ya sea de bebidas o de comidas.

En los aviones, a las azafatas y cabineros les está prohibido aceptar propinas.

En los hoteles, a los botones que se hacen cargo de las maletas se les da un dólar por maleta más cincuenta centavos por abrir el cuarto. Al portero, por poner las maletas a la entrada del hotel no es necesario darle propina, pero sí cuando el huésped se va porque éste ayuda a colocarlas en el vehículo.

Si usted viaja con baúles, cajas o equipajes muy pesados, debe reconocer al portero y a los botones una mejor propina.

En los hoteles de cinco estrellas, en el extranjero, la propina para el camarero en el comedor es del 15% de la cuenta. En nuestro país se acostumbra el 10%.

Al irse del hotel es aconsejable dejar una propina al jefe de camareros o maître. Si la estadía es larga se acostumbra dar de dos a tres dólares a la semana y si se ha obtenido un servicio óptimo le dará diez dólares o su equivalente en su moneda.

Cuando un huésped ha estado sólo una noche en el hotel no necesita dar propina al jefe de camareros.

A la camarera que nos arregla el cuarto es aconsejable darle una propina de uno o dos dólares el primer día.

Para los servicios de barberos, emboladores, peinadores o cualquier otro personal que preste un servicio, la propina será la misma que se usa en los establecimientos fuera del hotel.

Un servicio extra que se le pide al ama de llaves o a la camarera nocturna merece una propina. Al camarero que atiende el servicio de cuarto hay que reconocerle propina, la cual no está incluida en el recargo del comedor del hotel.

Si hay piscina, no es necesario dar propina por el servicio de toallas. Al portero, por llamar un taxi se le da US 0.25, lo mismo que al valet que trae el automóvil del parqueadero.

Cuando la estadía en un hotel de categoría es de más de una semana, es costumbre dar una propina extra a las camareras de piso.

Taxis. En el extranjero es costumbre dar el quince por ciento del total de la cuenta de la carrera, no así en nuestro país en donde esta costumbre todavía no es corriente.

En el extranjero un motel es un establecimiento pequeño generalmente ubicado cerca a las rutas de las grandes carreteras y se acostumbra el mismo 15% para todas las propinas.

En nuestro país, a los guías de buses que hacen el tour por la ciudad se les reconoce una modesta propina. En el extranjero, tanto al guía como al chofer de los buses de turismo se les da una propina de 5 a 10 dólares al finalizar el viaje.

En los aeropuertos o estaciones de trenes se reconoce una propina de US 0.50 por maleta o de US 2.00 o más por un carro lleno de maletas.

En Europa en hoteles y restaurantes rige el mismo 15% para todos los servicios y está incluido en el precio del cuarto de hotel o del restaurante. Generalmente al recibir el cambio en efectivo se dejan las monedas. Hay que ser muy cuidadosos con las propinas que se dan a botones, porteros y conserjes, pues americanos y suramericanos tenemos fama de dar demasiado. Hay que dar una pequeña propina en los teatros a los acomodadores.

En nuestro país es costumbre dar un regalo en efectivo o propina para la Navidad a las siguientes personas: al cartero, a los que recogen la basura, a los porteros de los edificios de apartamentos, al repartidor de leche, pan y periódicos.

En los supermercados al empacador que se hace cargo de nuestros paquetes hasta el vehículo se les debe reconocer una propina de acuerdo con el volumen de la compra. A la persona que se hace cargo de nuestro vehículo en edificios, cines o teatros, también se le da una propina.

En los hospitales no es costumbre dar propina. Al irse el paciente es un detalle delicado dejar una caja de chocolates o de dulces en la recepción del piso, con una nota dando las gracias por la atención recibida. Cuando la estadía es muy prolongada se le da un regalo especial a la enfermera privada pero en ningún caso en efectivo.

Decreto gubernamental de Protocolo.
Precedencia de dignatarios.

A manera de orientación transcribimos copia de los Decretos Nos. 770 del 12 de marzo de 1982 y 1317 del 5 de mayo de 1982, establecen la siguiente precedencia para los altos dignatarios de la República, la de los funcionarios Nacionales y su relación con la de los Diplomáticos Extranjeros:

a. Presidente de la República

b. Cardenal Primado

c. Expresidentes de la República

d. Designado a la Presidencia

e. Ministro de Relaciones Exteriores.
(Si hay Diplomáticos o personalidades extranjeras).

f. Decano del Cuerpo Diplomático

g. Embajadores Extranjeros

h. Presidente del Congreso de la República

i. Presidente de la Corte Suprema de Justicia

j. Presidente de la Cámara de Representantes

k. Presidente del Consejo de Estado

l. Presidente del Tribunal Disciplinario

m. Ministros de Estado en el siguiente orden:

  1. Ministro de Gobierno
  2. Ministro de Relaciones Exteriores
  3. Ministro de Justicia
  4. Ministro de Hacienda
  5. Ministro de Defensa Nacional
  6. Ministro de Agricultura y Ganadería
  7. Ministro de Trabajo y Seguridad Social
  8. Ministro de Salud
  9. Ministro de Desarrollo
  10. Ministro de Minas y Energía
  11. Ministro de Educación Nacional
  12. Ministro de Comunicaciones
  13. Ministro de Obras Públicas

n. Secretario General de la Presidencia de la República

ñ. Embajadores colombianos. (Si hay personalidades o diplomáticos extranjeros).

o. Comandante General de las Fuerzas Militares

p. Generales y Almirantes de las Fuerzas Militares y de la policía Nacional

q. Procurador General

r. Contralor General de la República

s. Registrador del Estado Civil

t. Alcalde Mayor de Bogotá

u. Jefe Departamento Nacional de Planeación

v. Jefes de Departamentos Administrativos. (Orden creación del Departamento).

w. Secretario General del Ministerio de Relaciones Exteriores

x. Mayores Generales y Vicealmirantes

y. Viceministros. (Mismo orden de los Ministros).

z. Gobernador de Cundinamarca

aa. Gobernadores. (Orden alfabético Departamento).

bb. Brigadieres Generales y Contralmirantes

cc. Intendentes y Comisarios

dd. Arzobispos y Obispos

ee. Senadores de la República

ff. Representantes a la Cámara

gg. Magistrados de la Corte Suprema

hh. Consejeros de Estado

ii. Magistrados del Tribunal Disciplinario

jj. Jefe de la Casa Militar de la Presidencia y Director General de Protocolo. En actos protocolarios a los cuales asiste el Presidente de la República, tendrán la precedencia el Jefe de la Casa Militar. En los demás actos la tendrá el Director General del Protocolo del Ministerio de Relaciones Exteriores.

kk. Coroneles y Capitanes de Navío

ll. Secretario Departamento Administrativo de la Presidencia

mm. Consejeros del Señor Presidente de la República

nn. Encargados de Negocios

ññ. Tenientes Coroneles y Capitanes de Fragata

oo. Asesores del Señor Presidente de la República

pp. Ministros Consejeros

qq. Secretarios Generales de los Ministros

rr. Subsecretario Ministro de Relaciones Exteriores

ss. Subdirector de Protocolo del Ministerio de Relaciones Exteriores

tt. Gerentes Institutos Descentralizados. (Orden colocación Institutos).

uu. Consejeros de Embajada o Legación

vv. Edecanes del Señor Presidente de la República

ww. Mayores o Capitanes de Corbeta

xx. Presidente de la Asamblea Departamental

yy. Presidente del Tribunal Superior

zz. Presidente Concejo Municipal

aaa. Oficiales Subalternos de las Fuerzas Militares.

Cuando a una ceremonia asistan miembros del Cuerpo Diplomático acreditado, el señor Ministro de Relaciones Exteriores tiene precedencia sobre el señor Ministro de Gobierno. Los demás Ministros conservan el mismo orden.

Encabezamientos para comunicaciones escritas:
Al Presidente: "Excelentísimo Señor Presidente"
A un Embajador: "Señor Embajador" o "Excmo. Señor Embajador"
A un Ministro: "Señor Ministro"

Tratamiento: Vuestra Excelencia o Su Excelencia

Despedida: Con mi más alta consideración.

Dirección:
A su Excelencia el Señor...
Embajador de...

A su Excelencia Monseñor...
Nuncio Apostólico o Decano del Cuerpo Diplomático

A su Excelencia el Señor...
Ministro...

Índice